成都万有图书有限公司　出品

兵谈

伍立杨自选集

伍立杨——著

北方联合出版传媒（集团）股份有限公司
春风文艺出版社
·沈阳·

图书在版编目（CIP）数据

兵谈 / 伍立杨著. — 沈阳：春风文艺出版社，2012.7
ISBN 978-7-5313-4204-5

Ⅰ. ①兵… Ⅱ. ①伍… Ⅲ. ①散文集—中国—当代 Ⅳ. ①I267

中国版本图书馆CIP数据核字(2012)第043921号

兵 谈

选题策划	魏希望
书名题写	敬　居
特约编辑	范阳菁
责任编辑	王维良　姚宏越
责任校对	何　丽
装帧设计	最近文化
开本尺寸	880mm × 1260mm 1/32
字　　数	163 千字
印　　张	7
版　　次	2012 年 7月第 1 版
印　　次	2012 年 7 月第 1 次

出版发行	北方联合出版传媒（集团）股份有限公司 春风文艺出版社
地　　址	沈阳市和平区十一纬路25号
邮　　编	110003
网　　址	http//:www.chinachunfeng.com
购书热线	024-23284402
印　　刷	四川新华彩色印务有限公司

ISBN 978-7-5313-4204-5　　定价：28.00元

自序

幽微处的情绪烟云

纸上的风景，搜剔幽秘，如人饮水，冷暖自知。欧洲小说，自夏多布里昂，描写风景，成为一时风尚。虽游离主题之外，却自有妙趣。五代后蜀韦縠编选《才调集》，他就相信文字词采，其韵之高，可比桂魄；其词之丽，可胜春色。陈从周一部《说园》，议论周匝，文字雅俊，缩龙成寸，点缀疏密，不啻一部胸中之园林。微雨小窗，草木苍然，苏东坡时代的风景，今天已难实指，而其文字心情，仍可一贯。夜来风雨一灯，闭户读书，翻开全唐诗，光是看看题目，也就很有意思了。《塞路晚晴》《春晚旅次有怀》《秋宿湘江遇雨》《寄邻庄道侣》，汉字天然的组合，意境深深，惹人沉吟叩弹。看来纸上的风景，一半是大自然，一半是文字奇妙组合产生的韵味。魏晋诗歌虽窥情风景，钻貌草木，太过重视形似，然在一番雕琢研磨之中，文字的神理，悄然潜伏下来。故虽看若形似，而文字越千年，实形神俱在。顾长康说会稽山川之美是“千岩竞秀，万壑争流”。多少年又多少年，山川非复旧时容，而此文字定格的自然之美却灵性长存不灭。文字意境，其勾勒渲染，所予人者，甚至过于自然本身。

王羲之一生写过五百多封杂帖，这些写在绢帛之上的简短书信，多言约意丰，语短情长。他推重艺术化的人生，力图使生活艺术化，艺术生活化，诗文风雅，书画遣兴，他的书法翩若惊鸿，他的杂帖又情思摇荡，看似可有可无，因为其中没有非说不可的话，然味道正在其中，艺术家的气质因了社会风尚而得以结晶为第一流的艺术品。到了蒲松龄，惊霜寒雀，抱树无温，就只好人鬼狐妖，聊发异想了。然而，子夜一灯如豆，萧斋冷寂，“寄托如此，亦足悲矣”。仿佛听得见蒲翁落地不散的长叹。

有时候静坐思维，与时光共老，看芭蕉又绿，心境空漠，寐不交睫。偶有浅梦，也必是买芒鞋竹杖，向故乡的千山万山深处，一片蒲团，了此三千大千世界。正所谓“交寡深深怀旧地，变多渐渐悟浮生”。

张恨水先生云：托迹未高飞不起，稗官写到鬓斑时。洵为客居无俚，著述自娱之写照，实堪借以自况。然久而不废者，乃因聊耽著述，藉解牢愁。头颅若许，岁月若驰，真不禁把酒问天，而欲一吐胸中抑塞也。

培根氏云，读史使人明智。也不尽然。试观今之民国史著述，读之越多，则越易迷惘。盖以真相遮蔽已久，而说民国史者，由痴人说梦转为戏说臆想，痼弊深矣，徒饰虚文，无补实际，尚不知将伊于胡底，是以迷惘不得不然耳。

有读者高明以为，笔者之民国史解读或于解会人事，略有涓埃之助。是则以点滴之发现，均来自于第一手资料。举凡顾墨三、刘经扶、熊天翼、陈辞修……直至胡伯玉、邱雨庵、关雨东、戴海鸥，直至部队下级连排长，回忆访谈，俱穷加搜罗，积于今已斐然可观。其间不啻得原始史料之助，也颇饶幽微处的情绪烟云。然而风流云散，思之腹痛；室迩人远，徒怆我心。

爝火之微，何增乎光耀，而有所弗遗者，吴鸿兄及晓亮君之力促，绪论芳徽，洞烛机宜，谬采虚声，推奖逾份。方使我驽马奋驾，贾其余勇，检索支离之作，于汗漫卷帙中，得闲文四部，曰：谈艺、谈史、谈兵、谈美。近年所作晚清流变、幕僚生涯等，为葆其完整性，暂未收入集中。虽覆瓿之物，然亦曾获看官谬奖。安敢不竭所知，用献野人一得之愚。

2011 年初夏

目 录

通电的杂文味

我国文字的每一个独立个体，又各是一种自在的意象世界。骈俪文体中，除指示出鲜明的图画意义，尚有叠字可稳固音容，叠韵双声可增强文字上的音调美感、用典的浑化入神，包含的内容言外语意还有多重；篇终语了，尚有足可延长的种种念头，可供咀嚼。民国时期，割据势力的通电尚多采用骈俪文体，一则易使文章在有限的篇幅里跌宕起伏，使之更为老健多样，从而使读者乐于观诵；一则尺幅兴波，俾文语势连绵，含义深广，攻击对方的力量也得以加强。民初通电，本来也是打击对方的一种手段，但为着增强力量起见，总在调动当时文士的基础上，使之更为完善。从文体上说，它具有汉大赋及六朝抒情小赋的双重合理内核。在形式及写法上，所沾洽的是六朝骈文的轻捷敏妙；而在效果上，它又力求获得汉大赋的铺陈巨丽，因此在辞藻句式方面有所节制地对大赋加以采用。从而，往往以有限的篇幅，取得长驱千里的气势。而其敌对的立场，摇曳笔管的文士，又要做出声泪俱下的样子，于是在文句的停蓄推进中，顿挫疾徐的天然配置中，又烘托出一种掩抑悲壮的声调。

通电的目的在讨伐、讽刺、揭短，或者骂世，甚至自道苦衷，而造成不得不然的事实。在此，驳论是主干。但从前的骈俪名篇却多写景之作，通电为使旁观者（世人）相信它的理由，也要在驳论中融入社会景象、破败的城乡，这样方有兴兵的理由。

1913年，川军第五师师长熊克武应孙中山先生号召，在重庆宣布独立，发动武装讨袁，与拥袁的四川都督胡景伊展开较量。其《誓师文》（1913年8月4日）尝谓：

“原夫专制国之养士，供一姓之驱驰，共和国之征兵，作人权之保障。方今袁贼世凯罪恶滔天，胡贼景伊骄横无惮，蔑我宪纲，叛我国民。鬼蜮居心，豺狼成性。纵奸佞以招贿赂，吸膏血以保贪婪，议会失监督之权，法律无裁判之效。人情共愤，天道不容……试观天意所趋，风云来会，抑看义旗所指，日月为新。”（《四川军阀史料》）

次日的讨袁通电又说：“肇祸首罪，实为袁贼。于临时总统期间内，违法专权，营私植党，近复暗杀元勋（指袁暗杀宋教仁），蹂躏国会，法律失效，武力横施，含生之伦，莫不发指。”可以说句句击中袁世凯的要害。是年“癸丑讨贼”失败后，革命党被指为“乱党”，袁世凯也有令军队剿办义军电：“四川第五师师长熊克武向驻重庆，素乏纪律，前此所部哗变，几至糜烂地方；附和乱党，图谋背叛，扰害公安，殊堪痛恨。并着领湖北提督事黎元洪，酌拨劲旅，会同兜剿，迅荡逆氛，勿任蔓延。”强词夺理，掩不住色厉内荏的空虚，党人与袁贼孰是孰非，不是在通电中也颇可窥见一斑吗？

也许通电文本的讲究与事件的始作俑者最有关涉。民国初期革命党的通电往往经过孙中山、黄兴、章太炎手订，而他们都是现代文化史上第一流的智识者。即如军阀吴佩孚尚是前清秀才。民国中后期一线的战将，若刘文辉，深于旧学，新中国成立后任林业部长，不识新式标点；若廖耀湘，国学底子在北伐以后的高级将领中，要算翘楚；若刘峙，徐蚌兵败，退至南洋，隐名埋姓，教授国文，尤擅旧尺牍，博稽通考，更兼深入浅出，学生深表欢迎。兴趣爱好所在，生理兴焉。而其幕中参谋僚属，也颇得用武之地。当然，通电骈文做得最好的是饶汉祥，他民国初年曾任黎元洪的秘书长。他的骈文，已臻出神入化之境。

文士从容挥毫，感慨淋漓，往往有奇妙篇章，数十年之后读之，事实历历如在目前。固然军阀混战带来种种恶果，擢发难数，但其作为相对独立的个体——当然不乏纵横捭阖的联合分化，但在声讨时是相对独立的，因此客观上反而造成一种制约。相互监督的效果，其放言无忌，互揭行径，往往是一种极好的舆论监督。他们果为何人，所行何事，催人同情或者叫人作呕，也往往能大白于天下。而社会中间的许多人事真相亦就在通电的往复之中不请自出。

单行句实已足够说明事实，但当讨伐之初，两方对立须交往（当然是打仗），故采用骈俪的典重雅致。除去这种考虑，尚以骈文“同为一言，转相告语”，足可使意思显豁而含蓄，节制而不能增改。

1927 年 6 月 6 日刘文辉声讨刘成勋通电，长达两千余字，辗转复沓，四六交换，文风寓严肃于散漫纡徐、跌宕飘忽之中：“窃以为革命事业何等光荣，所期射虎斩蛟，扫除群害，何可悬羊市犬，浪窃虚名，盖乱苗之稗莠不芟，薰莸安别；障路之榛荆不剪，披拂徒劳……不意二十三军军长刘成勋，巧诈性成，昏庸不悟，残民以逞，罄竹难书。军阀恶习，既深刻难除；革命措施，直不知所措。军容既如儿戏，政令不出营门。其所擢用倚任之人，率以狡狯贪残为事。一粮而岁数征，且巧立种种名目；一烟而税百出，更暗布重重网罗。倘再容忍不言，将致沦胥共尽……”

刘成勋6月9日《请一致声讨刘文辉电》仅六百字："勋于鱼日通电誓师北伐，不意革命军二十四军军长刘文辉，竟于庚日出兵攻我双流，扰我彭山，阻我北伐之进行，遂彼一统之迷梦。伏思川中苦兵久矣，苟能出师向外，稍有心肝者，应如何赞助成行，讵此革命头衔之军长，公然出兵攻我，是糜烂川局，背叛党国之行为，昭然若揭。诸公高瞻远瞩，洞见万方，伏望主持纪纲，一致声讨，以清妖氛而伸党纪……"

又有军阀出来调停二刘息争通电，有谓"诚以川省频年兵争靡已，循环战端，无岁无之。烽燧相惊，忍听豆萁饮泣，本根尽拔，宁止瓜蔓已烯"，要算通情达理、有识见意味之语。

1930年4月1日阎锡山、冯玉祥、李宗仁宣誓讨蒋，中原大战爆发在即。冯玉祥在就职宣言中指斥蒋介石为国家动乱不安的祸根，数落蒋氏践踏民主、弄权使气的种种恶端，发誓将其剪灭。宣言称："近月以来，陕甘两省，大股土匪，到处焚掠，凡经被掠之人，周身悉现铁烙。迨军队拘获匪首，其身边皆带有委任状，乃煌煌全国主席蒋中正所颁发，至有数十路之多。"阎锡山就职通电称："将统率各军，陈师中原，以救党国。古有挟天子以令诸侯者，全国必有而讨伐之；今有挟党部以作威福者，全国人亦必起而讨伐之。"

骈文发展到八股文，烂熟已极，也腐朽已极。这与时代气氛有关，并非文体本身之错。禽兽只知饥啼痛吼，如此皆出于本能的号呼，而语言自来是人的专长，虽说文采与思想密不可分，形成依存于内容，但文章修炼到极境，对思想表达的准确性有益无害。当时一般作家不乏发言的机会，但讥讽过度，也容易招祸引灾，所以婉曲迂回往往在其考虑之内。唯此通电一体，双方后面真正要发言的是枪炮刀剑，言论的限度简直就不成约束，且唯恐嘲讽麾斥不够。故其行文推进往往大刀阔斧，或者冷峭犀利，仿佛放足妇人，大步踏去，十分痛快。写到动情的时候，不免山崩峡流，文气贯注。通电看似公文，实则与真正毫不足取的文牍相比，反而因了大动干戈造成一种别样的文章。至于通电双方因调停息争止怒，那就皆大欢喜，独留电文于世间成为单独的欣赏品了。

武器与文章

正如文学与经济并不同步并进一样，文章与武器的对比因时间的推移，愈是悬殊，反差强烈。那就是，武器越进步，文章越退步，大抵如是。

武器方面，且不说阴影密布的巨量热核弹头，仅战机即一年一个新花样，性能迭加改进；最先进的宙斯盾级导弹驱逐舰，其声呐系统造成反潜能力的超前性，近百种电子战配备立体呼应，具有强大的海上区域防御能力，故借古希腊神话里宙斯手上的神盾而美其名。至于常规的机枪、步枪，自枪械完成后膛装填革命后，轻重高射机枪，车载、航载机枪不断问世。

相形之下，无论中西方，文章多干瘪庸常，心灵颠倒紊乱。那些文字透着寡头的唆使，奸商盘算周围的奴相，较之往昔文章的细密、周到、讲究，还有深刻及血性……于今只是剪彩为花，终非活色。

或以为，曹操说“恃文者亡”，是也。其极端者，像梁简文帝为侯景暗杀之前，已感死亡的阴影，犹作诗文数百篇，辞极凄怆深异；梁元帝当北兵压境之际，犹讲谈《老子》不辍。史家于文定公（于慎行）长慨曰：“如此而文，不如无文；如此而谈，不如无谈。”伤心之言也。

是故文人文章多遭精通时事者嘲讽。殊不知曹阿瞒还说“恃武者灭”。及于今，情状愈明。杀人利器造成人类自相残酷杀伤，引发辛稼轩式的慨叹：殆天数，非人力。实际上这些武器却正是人力自身创造，天数欤，人力欤，念之神伤。

实则，倘将杰斐逊笔下文字也纳入文章概念，则曹操大公子的“文章，经国之大业，不朽之盛事”这句被后人冷嘲不已的名言，犹有存在的理由和价值。《独立宣言》《权利法案》，思想、文采饱满伟岸，诚文章之翘楚，其治国治世的普适性，证明这个世上最有力者，还不一定就是某些独夫视为法宝的刀枪炮。杰斐逊的文章理念，直接造就了世界上头号强国，当然也包括军事力量在内。是以只重技术、忽略人文，以为文章不能当饭吃，也算有“识”——识得世事的小节末端。志量如此，安得谓之达人君子之道？

古代的特种小分队

除了世界大战的大会战以外，小分队作战为一种相当重要的作战方式，冷战以后的国际战争或局部战争，特种小分队作战，甚至成为一种主要的作战方式。

各国军队中，尤以美军特种作战部队葆有最强大战力。它以绝对的空中优势和精确打击能力，往往在战争先期摧毁敌人的指挥、防空和通信系统，随之由小分队实施地面攻击，即收拾残局。如在对阿富汗、对伊拉克战争中，广泛采用特种作战，为空军搜索和指示重要目标，占领油田、大坝等要害，并确认战果；或做小规模破袭战，攻击隐秘的雷达站，指导、协调并训练反对派武装。在“山地风暴”行动前，美军先遣队即组织六十人特种作战分队进入阿富汗边境小村，包括赫赫有名的121特遣队，以及“绿色贝雷帽”、“海豹突击队”等其他特种部队和中央情报局干员。与蛮横乱来的塔利班军事人员相比，素质相差不啻天渊，他们搜捕行动中的作用显而易见。

“9·11”恐怖事件发生后，也是特种部队迅速行动，完成先期作战部署。美军中大小不等几十支执行不同任务的特种部队，绝大部分在建制上隶属于各自的军种。“绿色贝雷帽”可称得上是美国特种部队的鼻祖，1962 年正式成立，擅长渗透作战、颠覆、破坏及其他的秘密行动。“海豹突击队”则被誉为美国海军中的精英。“三角洲部队”直属美国特种作战司令部，从事反恐、情报任务，最擅长外科手术式的秘密打击，或者潜伏敌后待命。

说起来中国古代也是有特种兵的。《史记 · 周本纪》记载：商纣王昏乱暴虐滋甚，周武王讨伐商纣，戎车三百乘，甲士四万五千人，虎贲三千人。这里的“虎贲”，即为较大型的特种部队。随后的牧野之战，诸侯助周者，战车四千乘，此则联合部队矣！

《史记》中的《孔子世家》写孔子周游列国时，途中屡遇险阻。一次从卫国到陈国，过匡城，匡城人以为是他们的仇人阳虎来了。因为阳虎和孔子相貌绝似。于是孔子被拘禁好几天，后得脱。又在去宋国路上，歇大树下，宋司马桓某想要暗杀他，拔树杀之，未遂。又从陈国离开时，过蒲城，因宿怨被包围，幸其弟子中有武林高手，唤做公良孺者，以私车五乘随孔子。其为人贤良，有勇力，组织一小分队。他认为遇难多次都是命中注定，但愿力斗而死，也不屈从。经一番激烈搏斗，蒲人害怕了，孔子得以冲出包围圈。

在蔡国待了三年，吴、陈打起来了。楚国帮助陈国，情报说孔子在陈、蔡之间，遂派人聘请他。陈、蔡的参谋人员认为孔子大贤，所指出的诸侯大病都在实处，为大国楚所用，则我辈危险了，遂派出武装人员将孔子包围。在乡村，粮食断绝了，随从学生病的病、垮的垮，有人说话开始不那么中听了。后来子贡好不容易潜行至楚国，楚昭王派遣特种兵，才将孔子解救出来。

《史记 · 秦始皇本纪》载，二十九年，在博狼沙，始皇为张良和大力士所狙击，此即是一特小型小分队。惜未中。始皇“乃令天下大索十日”。三十一年，秦始皇微行咸阳，警卫四人，夜出兰池，被某一小型特攻队包围，警卫苦战得脱。“关中大索二十日”。

这些是先秦时期的特种小分队的情形，年代久远，只能是朦胧勾画。中近古以还，农民起义、军阀混战，多有采用此战术者，面目不甚亲切。

大的战斗部队造成势如破竹的情势，而小分队就是那种“势”的具象表现。

古代和现代都有一些小国，与世无争，一心以繁荣和平为务，但在大国的纵横捭阖中往往惨遭蹂躏，足以证明天下无公理可言。假如他们重视国防，能在精兵和特种小分队上下工夫，在关节处打破强梁的压迫以及他们欺人的神话，事情可能还有转机。

对于一个国家或实体来讲，当以一种密度很大的效率，使安全落实，而不仅仅是写在纸上。

也说黄秋岳与情报案

黄濬，号秋岳，早年留学日本早稻田大学，乃旧派文人，北洋时期的小官僚，后在国民政府做事，与北洋失意政客和清朝遗老多有往来。其也小有才，擅书法、词章，夤缘权贵。抗战前即为日本收买，长期卧底，出卖情报。七七事变后，其事为军统侦破，旋遭枪决。

曹聚仁先生在《天一阁人物谭》中，就黄氏与一绝密情报泄密案发议道："黄秋岳父子，以文士的散漫习气，终于替日本方面做情报工作，那是事实。但做情报工作，乃是他做中央政治会议的秘书时期，他实在也很懒，只是把政治会议的决议案原封不动交给日本使馆而已。这样，日本方面所公布有关国民政府的政治会议决议案，和南京方面一样迅速。这就引起了国民政府当局的怀疑。经过了侦察，知道和黄秋岳的秘书工作有关。因此，1935年春天，便把黄秋岳从中央政治会议的秘书职位调开，他就失去了参与机密的机会了。邵力子先生也对我说：黄秋岳是不会知道军事会议的军事秘密的。"

2011年3月20日的《中华读书报》有一篇文章，依据曹先生的这一说法，竟将黄濬事定性为"民国肃奸的一大疑案"，认为与实情大有出入，并说国军"面对一再失利的军事败绩，当局为了鼓舞军心民气，不得不拉个人出来祭刀”。作者推崇曹聚仁为战地记者，因而“他的材料来源就有充实的证据和严密的论证”。

这种说法真叫人哑然失笑。这是典型的以感觉谈历史，以想当然证明历史，或者叫见风就是雨的历史吧！其可信度几等于零，与戏说的历史相去不远了。

这是在“八一三”淞沪抗战的前几天，时局已临最后关头。战云密布，气氛极其紧张。

1937 年 7 月下旬，蒋介石在南京中山陵孝庐主持最高国防会议，决定利用日本关东军与日军其他部队的行动暂未统一的有利时机，以快制快、制胜机先，抢在敌人大部队向长江流域发动大规模进攻之前，全面控制江阴水域，将长江航路截断。“会议属高层机密，由侍从室秘书陈布雷和行政院主任秘书黄浚担任记录。黄浚在会上听了蒋介石的这一军事部署，惊出一身冷汗。会后，他立即将这个绝密情报密告南造云子。狡猾的南造云子一看情势紧急，火速将情报交给日本大使馆武官中村少将，由他直接用密电报告东京。”(《日本特务在中国》：团结出版社)

军事会议的目的，是要将一批旧船舰沉江，阻塞江阴段的长江航道，从而封锁之，再用空军和江防部队轰炸、攻击日军。如行动顺利，亦可将日舰日侨予以扣留，以此牵制上海之敌，保持军事上的京沪犄角之势。

当时中日战端一触即发，日军在上海外围由一个混成旅团很快陈兵三十万。它急于调走长江内河的部队，是为了增强上海方面的战力。从当时情形来看，不管国军是否轰炸日舰，他们都是要撤退的，只是时间早晚的问题。但黄浚的出卖情报，却使得这一支部队免遭灭顶之灾。陡然间，上海方面的日寇仅海军陆战队就增加了四千多人，无形中给中国军队以极大压力。

日方撤退在7月28日。除部队外，还有近三万名日本侨民，一夜间全部撤到上海。(《中国事变陆军作战史》，第一卷：中华书局）少量陆军、海军陆战队和侨民，由商轮装运，军舰护送，陆续驶离江阴上下江面。封锁计划遂告落空。

郭汝瑰，民国后期曾任国防部第三厅厅长，淞沪大战开始前几天，被任命为王牌军第十八军十四师参谋长。他认为消息的走漏就是黄浚所为："殊不知汪精卫行政院的主任秘书黄浚，将此消息秘告日军，日军得此消息，一夜之间，即将江阴以上长江内舰艇及汉口日租界海军陆战队撤到上海。"(《郭汝瑰回忆录》，第六章：四川人民出版社）

郭汝瑰在其回忆录中，也提出了另一线索："有资料说何键已透露此消息（给日本），姑并存此说。"仅此一句，未说来源及旁证。

对于曹聚仁先生所说，1935年黄浚就从政治会议秘书席位上调走，又做何解释呢？原中统局少将郑蕴侠先生（解放后为贵州省政协委员）回忆说，虽然不能肯定黄浚参加了这次机密会议，"但黄是汪精卫的心腹，开会时他在汪精卫办公室整理文件"(《中统秘闻》：四川人民出版社)。随后，这一严重泄密事件令蒋介石极为震怒，由谷正伦、陈焯、陈果夫、陈立夫、戴笠、徐恩曾、张道藩等人组成特别小组会同分析判断。戴笠系统的特工还在会议室大挂钟里搜到窃听器，随即将焦点集中在黄浚身上侦察。8月下旬审讯黄浚时，黄将罪责全部包揽下来，毫不涉及汪精卫。

7月底8月初，在江阴要塞实施阻遏封锁日军任务的，是国军一级上将、海军部长陈绍宽（解放前夕起义）。他已经破坏了航灯等标志，随即布雷、沉船，构成封锁线。他认为“目前局势万分紧张”，然而功亏一篑。事后他也认为，封锁要塞的密令，“被国民政府行政院机要秘书、汪精卫的亲信黄濬泄露给日本总领事，日本政府当即下了撤侨令”（《民国高级将领列传》：解放军出版社）。

这些军政大佬，总比当时作为战地记者的曹聚仁要接近核心机密吧，时间上有的还在20世纪70年代以后，解密的资料更多；再说，曹聚仁的文章写于60年代，在香港的报纸上连载，全文仅几百字，涉及黄濬出卖情报事，也不完全肯定，而是带有猜测的口吻。这怎么可以说是充实的论据和严密的论证呢？全不沾边嘛！而且淞沪抗战尚未打响，南京保卫战还要后四五个月才发生，又哪里来的“一再失利的军事败绩”呢？再说，引述曹先生文章的作者，也谈到了当年即1937年七八月份的军事会议。但究竟是哪一天的军事会议做出的决定，作者语焉不详。事实上，7月和8月上旬的首脑军事会议竟达三十三次之多（《何应钦上将九五记事长编》）。另据汪精卫和蒋介石年谱，可知这一段时间两人及军事要员多在庐山和南京之间来回穿梭。其间，有蒋介石亲自主持的，也有何应钦集合军政要员和高级幕僚召开的。因当时蒋氏在庐山主持战前动员会，会议均非专论一事，而是因当时千头万绪，很多战略战术问题都需要一锅烩。起码涉及华北、华东部队的调遣，卢沟桥事变的措置及平、津失陷后的全面抗战的方针。参加会议的人员错杂穿插。所以黄濬即令不是得到第一手情报，也会很快从会议参加者处探知。和黄濬接触差不多有十年工夫的日本女谍南造云子是日军大特务土肥原贤二的学生。她即因为此事暴露，被复兴社（军统）捕获而毙命的。

书生从戎，君子豹变

曹聚仁做战地记者的时候，曾往江西临川做客（第三战区防地），在某军驻地讲演。曹先生主讲哲学，又以为面对军人，“谈哲学总不会出毛病的”，乃就地取材，谈当地人王荆公、陆九渊、汤若士的情理观。次日，该军汪参谋长就和他大谈张载《东铭》的话题，“张子的《西铭》人所熟知，他偏谈《东铭》岂不是有意要估量我的见识吗？”而《东铭》的内容，曹先生恰恰不大记得了，乃硬着头皮，凭印象谈张载的哲学路线，捏着一把汗。后来找到《近思录》重看《东铭》，觉所谈并不太出格，才略略放心。（《书似青山常乱叠》）

曹先生差点被军人考住，并非偶然现象，也并不是当时军人喜欢附庸风雅。原因有二：一是辛亥以来，知识分子投身社会实际运作，军人书生往往一物两面，初未可分；一是抗战的形势需求，社会各界当然包括知识界、青年界，从军者甚多，导致军队高层、中层，相当程度的“学术化”。

黄仁宇最为典型。他出身于同盟会员家庭，后入成都中央军校（黄埔陆军官校）为十六期生，毕业后赴抗日前线，为基层军官。1943 年加入远征军，在印、缅与日军作战，在密支那负伤，受颁海陆空军一等奖章。1946 年参加全国考试，名列前茅，保送美国陆军参谋大学，毕业后为国防部参谋及战胜国（中国）驻日代表团少校团员，随即再度赴美，在密西根大学攻读历史，1964年获博士学位。七八十年代，他在海外史学界影响甚巨，90年代以后，他的名字在中国内地以《万历十五年》为嚆矢，几乎无人不知，近年则以《资本主义与二十一世纪》《中国大历史》《赫逊河畔谈中国历史》，在学界影响很大，已成学术畅销书。其治史以历史之“当时人身经验，积累之则与我们今日之立场有关”为贯穿，而树立一种追溯“体制”前因后果的长远视界。其军旅生涯，则在《地北天南叙古今》一书中叙述甚详，尤其是远征军的抗日态势、作战经过，高明之处不下于雷马克之《西线无战事》。

国军将领的学术气，实在不是空穴来风，而是由来有自。最要一点，乃辛亥老辈形成的学术风气及知识结构的无形框架。老一辈融军人、书生、学者、文人、革命家、狙击专家于一体，自孙中山、黄兴以起，蔡元培、叶楚伧、马君武、胡汉民、吴稚晖、蒋百里、章太炎、戴季陶、廖仲恺、冯自由、徐锡麟、秋瑾、陶成章……俱允文允武之士。陶成章湛通经史，文章朴茂有奇气。蒋百里为现代军事家第一人，却也是文学研究会发起人之一，其《欧洲文艺复兴史》为开山之作。孙中山先生则是唐德刚教授所称的“洋翰林”，后于国学用功甚勤，所获极丰，知识结构合理全面。蔡元培、吴稚晖、黄兴则分别是晚清实授之进士、举人、秀才……

黄埔军校的学生构成，也不可小觑。他们，或为耕读人家子弟，或为中等人家出身，或于投考前已是大学在校学生。若廖耀湘自幼家学渊源，他所著回忆录文辞朴茂；若邱清泉入黄埔以前已是于右任任校长的上海社会大学学生。所以国民党军队第二代将领中，也多文武全才：胡琏研究宋史极有心得；刘峙是旧尺牍专家；邱清泉、黄杰的旧体诗，俱深可称道；唐纵日记不特文辞雅健，即于国政之改革，也有痛心而良好可行的建议，罗列日记也是一种“流水草自春”的文学作品；蔡省三则是政论专才。中下级军官甚至士兵，尤在太平洋战争爆发以后，十万青年十万军，如陈布雷、乔大壮、向恺然（平江不肖生）俱送子参军，此即奠定了军队人员素质的构成，故也尝有出人意料之修养。而大作家、记者加盟军队，一则有知识之亲和关系，一则也有军人、文人两种不分的渊源，若曹聚仁、张恨水、郁达夫、黄裳、冯英子、张文伯，以后又有司马中原、王鼎均……遂造成军人文化人千丝万缕、密不可分的情势。

黄仁宇长期是廖耀湘部队的中级军官，唐德刚自称是“五战区的小兵”，他们后来都是有世界影响的第一流学者。其余，如赵龙文乃郁达夫的密友，曾任国军海军政治部主任、中央警官学校校长，著有《论语今译》等书，自书扇面赠达夫诗云：“佳酿名姝不帝秦，信陵心事总酸辛。闲情万种安排尽，不上蓬莱上富春。”（《新民晚报》，1995 年 3 月 7 日）风流自赏中，大有物伤其类的心怀。又若荆知仁，出身青年军第二〇七师，后入政治大学政治研究所攻读，得硕士学位，1971 年获美国政府傅尔布莱特基金奖之助为访问研究学人，赴明尼苏达大学法律学院，就美国宪法人权典章做专题研究，目前任教政大。书生从军者众，乃导致部队素质的雅化，而造成一种历史奇观。近代自林则徐起，及其后之曾、左、彭、胡、李，功名彪炳史册，为文人领兵之典型，此皆书生从戎的结果，不但于提高军队素质有益，即于收束世道人心方面也大有效果。

南怀瑾先生序青年军系统的阎修篆《易经的图与卦》一书，即谓：

“故论军中学术之盛，人才辈出者，较之往史，尚莫过于国民革命之后期，如此时此地之辉煌灿烂也。”

军队发展到如今之“后现代”，已进入所谓“打科技水平”之时期；但在人文精神向隅、商业寡头称雄的时代，文化（文史哲学）的增益，不特于政文的经纬有益，就是兵学一道，也是一番“立基”的功夫；因为人文的修养，对把握人类尊严、人类平等及人类和平极处的根源，实有得其圜中以应用无穷的功效。试想，军中有多个蒋百里式的陆大教育长——军事大家、政论家、文论家，且长于经史、辞章、书法，谈话风趣才华横溢，则不但利于消除旧式军队痼疾，即对漆黑一团的现实社会，也颇有照明之效果。

原子弹与菩萨行

世界进入 21 世纪以来，局势愈不太平，尤以恐怖分子的罕见凶残为最大端。彼辈紧攫变态扭曲的“斗争哲学”，扼杀人性，禁锢思想，追求黩武，为祸世界，这类人的阴暗心理在世界文明的相形之下，愈加变得不可理喻，急剧滑向极端的暴行。至不惜以人类为敌，以文明为敌，以世界进步大势和所有良善人民为敌。对其变本加厉所造成的浩劫，所有头脑正常的人群无不深恶痛绝。

然而，也有那么一些与文明大势及人类正常心理完全相悖的嗜血的声音，带着刺耳的啸叫在狼奔豕突。近见《天涯》杂志（2002 年第 3 期）刊李陀文章，就中东的人肉炸弹发议。此事有复杂的历史成因，当然可以托以悲情。但他不知出于何种难以猜测的心态，话题斜出，就美国二战时期攻击日本说道：“要是说凡以伤害平民百姓为目标的行为都是恐怖活动，那么还有什么比那两颗原子弹更恐怖的恐怖活动呢？”

其行文发论的荒谬逻辑令人百思不得其解，不可思议地拟于不伦。

众所周知，自晚清以来，日本仗政治改革及工业领先的优势，野心勃发，反复对中国实施了半个多世纪的疯狂侵略。《马关条约》

签订时的苛刻凶暴，割让之惨、赔款之烈，已令当时的外交大臣李鸿章有天崩地裂之感。直到七七事变以后全面侵华，烧杀抢“三光”政策即针对大量平民，杀戮之惨，为人类历史所仅见；野蛮兽行，弥漫恐怖。八年之中，牺牲中国军民达三千五百万人之巨！财产损失按当时汇率计即为五千亿美元之巨。其间，亡国灭种的威胁高悬之，随时可以毁灭华族。太平洋战争爆发，美国直接参战，即令美军葆有高强战力，然在头几年（自珍珠港惨败始）仍付出了难以想象的重大牺牲。若非那两颗正义的原子弹，中国军民的牺牲就远不止三千五百万；而美国若以常规战方式攻击日本本土，预计部队伤亡将在五十万以上。而日本军阀的血腥暴力，也将会没边没沿。日本法西斯党徒的诡谋异动是想向全世界扩张，以蹂躏世界平民百姓为职志，乃是毫无顾忌的恐怖主义，恐怖的程度还大大超过其他轴心国。就在第一颗原子弹于广岛落地之后，百万关东军还试图大举，以求一逞；日阀还在组织神风突击队向世界人民叫板。战败后，至今仍不道歉不赔款。

所以，头脑正常者对原子弹的正义使用，无不感恩戴德。那非但不是什么恐怖，反而是旋转乾坤的历史性事业。广岛原子弹“小男孩”的空投手，那个美军校官，暮年回忆往事，也一点都不后悔。日本的悲剧，根本由其法西斯党徒一手造成。

可笑的是，一些自以为是的人，戴着知识分子的头衔，不知在念什么诡秘拳经，甚且不惜将灵魂托付给魔鬼。不是代表正义的力量，敦促恐怖分子悔祸输诚；也不是代表文明的先锋，将其导入正途，反而以正人君子的扮相，“一分为二”的“理路”，在那里大放厥词，审其言，但见封闭、倒退、盲动，逆理性和常识而动，观念冥顽不化无以复加。以糊涂作为清醒，以蒙昧自诩高明，是不懂装懂，还是作秀的需要？总之，为正常心理难以解会。与之理论，他那头脚倒立的价值观叫人啼笑皆非，就算耳提面命，也只是“鸡同鸭讲”，奈何！

殊不知，佛家说，杀一恶人，能救众人，这就是菩萨行。核武的存在，自然是人类的悲哀，但具体就二战末期的运用而言，它的实质却是“鹰爪鸽心”。它赋有庄严的使命，是对中国及东南亚各国人民最大的“菩萨行”。

当今文化人，不求有恢弘的气度，也应有起码的民族大义和知识良知，断不能是非颠倒，思想为撒旦劫持驱使。如此，始能与世界真诚合作，有裨于全人类久远的和平与福祉。

杨军长的爱情观

沈醉说，杨文泉是一个“香喷喷的风流将军”，被抓到功德林后，仍然保持他的罕有的洁癖。杨氏，内战后期任第七十二军军长。他是黄埔二期生，抗战以后守华北重镇天津。较之指挥过他的陈大庆、陈长捷，他的名气可谓“稍逊风骚”。但他被俘后改造期间所发表的“爱情观”，却很把人吓一跳。他问其他将领，人生的最大快乐为何？有答攻克名城的，有答了却君王天下事的。他却以为，最乐之事，乃是讨得诸多漂亮女人的欢心。他说他从前每到一地，便极力追求当地的交际花、校花、名媛闺秀等有声誉的美人儿，直到结合。听他白话的众将领颇有疑问，以为到处结婚，岂不是自找麻烦，有何快乐？他就说，娶妻易，丢掉难，有地位的男人，总有女人靠拢。这种女人到手易，却是狗皮膏药，好贴难取，甚至一辈子忍气吞声过下去。而追求交际花名媛之类女人，却正相反，叫难娶易丢。因为这种女人追求者众，骄且娇也，到手不易，好处是一旦玩厌烦了想改变口味，几番争吵，一记耳光，马上就会同意离婚——因为过去排队没有排上的，立即会欢天喜地地接过去，一点麻烦也没有。

较之文化人论说爱情婚姻，那种形而上的、概括的、抽绎的论述，这位杨军长的心得，更有战术上的意义，难乎其为军人也。托翁《战争与和平》中安德烈王爵说：爱情易终，女人本性难定，一结婚，除了客厅以外，一切都走不通了，就会与奴才、白痴为伍了。王爵真该同军长交流一番，哈哈。相对于美貌愉悦、生殖欲望，杨氏之论，颇有深郁的社会学及常人不知的世故在里头。他深知，闻香只在焚烧的一瞬间，品酒只在举杯的一刹那。因为就社会学意义来说，女性也永远长着势利眼，蛟龙不是池中物，是以导师说，“婚姻的缔结”，是“权衡利害的事情”(《马克思恩格斯选集》，第66页：人民出版社)；同时，这也关乎达尔文“人类的由来及其性的选择”之大旨。人与他种动物一样，“受制于那一条我们还不甚了解而显得神秘的法则”。在动物中，一雄多雌是常态是习性，但也深潜着危险杀机。杨军长却游刃有余化解之，“摸着石头过河”，得出规律，“百炼钢化为绕指柔”。《孙子兵法》说：“掠于饶野，三军足食，谨养而勿劳，并气积力，运兵，计谋为不可测。”杨军长有之，但他的心思，也仅限于“爱”，未能贯通于战争战斗之中有所建树，所以当了“瓮中鳖”。在“悔不当初”的气氛中，他是最喜欢“闲坐说玄宗”的一个。

亡　粟

看民国将领的回忆录，同时穿插读《全上古三代文》，恰读到炎帝一则文章，不禁苦笑。这篇中国最古老的文章全文如次："有石城十仞，有汤池百步，带甲百万，而亡粟，弗能守也。"（《全上古三代文》）

内战时期，辽沈战役和淮海战役，一大悲剧即是"亡粟"。国军战斗局势转危，在东北，部队收缩在沈阳、锦州、长春；在淮海，部队被分割于各孤村，倚靠坚固工事，构筑成核心阵地。然而，以黄维第十二兵团为例，会战后期，被解放军包围于双堆集，粮弹奇缺，空投往往飘散到对方阵地。饥兵争食，自相火并，那是十二万人的消耗量啊！十八军军长杨伯涛回忆说："各军师的后方勤杂人员成群结队纷纷进入夺取的村庄，凡是可吃可用的东西，甚至屋顶上的茅草也搬得精光。为寻觅人民埋藏在地下的粮食，到处乱挖。连地皮都翻转过来了。"在东北的大城市，也因包围圈的收紧，"市外已无粮食进城，居民中稍有存粮的人，就每天减少食量，以期多存活几天"（新七军参谋长龙国钧的回忆）。长春几万人的部队，仅靠两三架飞机运来的一点米粮，且因飞机飞得太高，投下的大米包很多落在解放军的火线后方。无粮（亡粟）带来恐慌，恐慌带来绝望，全线总崩溃很快随之而来……

战争是政治的集中体现，政治又是经济的集中体现。经济，可以说是广义的吃饭吧！事到临头，才发现人自身的弱点在最基本的人性需求。有时候，似乎觉得古人坐在时间的那一头，做一种“沙盘推演”，清清楚楚地看后人傀儡般的蜗角之争，血泪相和流，玩笑开得蛮大的……

荒唐世事之一斑

1956 年，国民党被俘将领从各地集中到北京功德林战犯管理处，国家曾组织原国民党军政界有影响的社会知名人士来此做战犯的思想工作。“原蒋系总统府中将参军、长沙投诚人员唐生明带着他的妻子徐来女士，来到功德林指名接见康泽、李仙洲、文强等人。唐投诚后 1949 年冬到香港。唐、徐二人刚从香港返回便到功德林与其要见的人谈了两天。”（《释放日伪满伪蒙蒋战犯前后内幕》，第 288 页：辽宁人民出版社，1995 年版）他们来此鼓励战犯新生。

原来这位唐生明。是个有名堂的人。他是旧军官，素来奢侈成习。1940 年秋，他终于不耐艰苦，潜南京投靠汪伪，任伪军军事委员。他的哥哥，受命于危难之际、曾任南京保卫战总指挥的唐生智将军，赶紧登报声明和他脱离关系，其中有云：“告诫谆谆，而听之藐藐。”表示无奈。唐生明既赴南京，如鱼得水，恢复了他那花花公子的轨道，把一种极腐化的生活推到了极顶。现代新闻界巨子张恨水先生在 1940 年 10 月 19 日重庆《新民报》呵斥这个无灵魂的渣滓：“唐逆生明在南京，作任何事，一掷万金。仅以他的自用汽车而论，深夜跳舞回来，喇叭响着多勒梅的钢琴声，令一路店家闻之作为美谈。人家只知道他花数万金在黎家挖出徐来来，其实比这够劲的事，太多太多。”

同是旧军人，且军阶相埒，饶国华、李家钰、王铭章……激于大义，和日军做殊死战斗，以身殉国，壮怀激烈。而唐生明辈却跑到日军的卵翼之下，在温柔乡里日夜消磨，人谓略不知耻，岂止略不知耻而已哉？被唐生明相中而设法娶走的电影明星徐来，也是一个生意门槛极精的女子。编辑家赵家璧先生1934年携妻往杭州旅游，正值湖区一家高级饭店落成，以女明星胡蝶、徐来名义开办，在报上大做广告，取名“蝶来饭店”。“开幕日，还聘请这两位大明星剪彩。我们去租住了一夜，房价甚昂，次日一早就迁入老式的西湖饭店。傍晚时分，郁达夫匆匆来西湖饭店回访，我就把昨夜入住蝶来饭店的趣事告诉他，他就笑着对我们说：‘你们一来杭州，就被刨黄瓜了！’”（赵家璧：《书比人寿长》，第85页：香港三联书店）“刨黄瓜”系杭州方言，意即设局骗人钱财。明星的手腕，真是无孔不入啊！

那些多年来在火线上出生入死而终于兵败被俘的将军、大员，看到来与自己谈心的，竟是这样两位特殊人物，世事滑稽，造物弄人，心里不知做何感慨？物是人非的感觉，欲语先泪的情形，恐怕不免吧！

辛亥革命第一枪之辨析

说起来，武昌首义的第一枪，已经是十日的傍晚，熊秉坤兵营里的陈定国那一枪，也是仓促中的应变，带有很大的偶然性。

而在陈定国举枪击杀那个甘做清军走卒的排长之前，已有无数的偶然发生了。

殊不料，陈定国的第一枪之前，早有孙武的第一爆。而这第一爆，又是那样的偶然，是计划中的意外。

10月9号这天，武昌城内一般人群情绪骚动，显出莫名的慌张；也有老百姓搬到城外，投奔乡下亲戚。

这天中午，孙武在汉口望善里的一楼房中试验炸弹，说他不小心也罢，说他过于小心也罢，总之他竟把试管撞破了，药水滴在炸药中，顿时轰然一声，大事不好了，孙武本人给轰击得满面是血。

站在楼下的俄国巡捕满腹猜疑，遂闻声上楼。孙武的朋友见势不好，也真是急中生智，慌忙将大衣盖在孙武头上，佯称病人急症要送往医院，匆匆遁去。

巡捕上楼后看到一片狼藉，还有堆积的军装，存储的上百支长短枪，情知不好，于是层层上报，随即湖广总督瑞澂也晓得了，于是派戈什（武弁）四处缉拿可疑之人员。

共进会的头领出事，所为何来呢？

说到鄂军的革命团体，也即武昌革命团体的源流，简言之，其变异如次：日知会→群治学社→振武学社→再变为文学社。

熊秉坤先生说，辛亥革命的远因甚多，可总括为欧力东渐一语，戊戌政变，实已开其端倪。等到铁路风潮起，天意授汉，彼时湖北革命团体之最伟大者，就是共进会与文学社。

日知会系1905年由刘静庵、曹亚伯等创立，会员分布于军界、新闻界、学界、宗教界。次年，中山先生派胡瑛、朱子龙等赴汉，联络日知会起义，不意事泄，会员骨干多被张之洞逮捕下狱，团体遂告解散。

群治学社，本由湖北军队同盟会改组而来，也即黄申芗、杨玉鹏等主其事，事在1908年年底、1909年年初。其宗旨，“本社以集合多数知识、研究学问、提倡自治为宗旨”。其由来，认为当时英国为世界强国。其养成，由于研究学识之故，在中国四千年来，素号称文明古国，然自孟轲以来，不得其传，学社的建立，乃谋求从根底上振起民气。

文学社、共进会之联合，在辛亥旧历四月中旬，也就是武昌首义的四五个月前，两派商议集合势力，刘尧澂（刘复基）、王守愚找至共进会协商。经多次多人斡旋，才正式联合。两派联合后，在阳夏设立支部，以胡玉珍为四十二标总代表，汉口郑北兰寓所为支部交通处。汉口集会在范明山寓所，汉阳集会在陈德元寓所。

黄兴等在广州发动黄花岗起义，当时蒋翊武拟炸瑞澂总督署以为响应，事败未成，但形成猛烈的助推作用。四川铁道风潮发生以来，影响遍及全国，人心跃动，蒋翊武又再三说，时机到了，多次密开军事会，被举为总司令，遂设枢纽指挥于武汉三镇。

蒋翊武所在的文学社与孙武的共进会的源流不同。其中，文学社整体加入同盟会，辛亥革命爆发，以破坏告终，急于从事建设，改组政党，因与同盟会宗旨相符，公议全体加入，将文学社名义取消。另据尹呈辅回忆，当时他在湖北陆军小学第二期肄业。在辛亥年二月，由孙武先生介绍入同盟会，从事革命工作，遂得参加首义。这是文学社、共进会与同盟会血肉密切的关系之铁证。今常见论师著文，割裂两会与同盟会关系，实属不智。

两会联手之际，四川保路运动风起云涌，武汉党人几乎半公开渗透部队。当时两湖革命空气弥漫，发难时机日益迫近。

爆发前的顿挫

孙武试验炸弹不幸引爆，起义的企图瞬间暴露。而就在这一天，文学社的蒋翊武也在和刘尧澂（刘复基）商量起义的事，因居正、宋教仁、黄兴未到，说话间提到黄兴从香港拍来的回电，黄兴的意见是联络十一省同时举事，因此武昌举义事项须推迟等待；但这时步、马、炮、工、辎重各营的代表以为谣言满天，形势迫在眉睫，若不立即动手，恐将噬脐莫及。

武汉方面商量的结果，是改期为 10 月 9 日夜半，不料这天上午孙武在汉口俄租界宝善里试验炸弹，爆裂负伤，被俄警闻知，入宅搜索，导致文告、名册、弹药、印信、旗帜等一概搜去。当晚，武昌小朝街张廷辅家亦被破获，捕去十余人，彭、杨、刘，以及蒋翊武、龚霞初、陈达五均被逮捕，稍后彭、杨、刘三烈士遂遇害。

于是预定计划之9日夜未能发动。但在这天夜晚各位同志，仍枕戈待旦，准备通宵，因交通阻滞，致传达命令之人未能送到。至10日早晨早操，二十九、三十两标同一操场，正操练时，张彪派马弁数人至操场将张廷辅捕去，吴醒汉与张廷辅所在的三十标，蔡幼香二十九标，同在操场，目睹情状，愤不可遏。他们收操回营后，万分难过，因局势益紧，严禁各营官兵互相来往，消息不通，别无善策，而且稍加思索，即可知道他们这些人都在索捕之列。

起义前的不利因素，就是孙武试验炸弹失败，随后刘复基、龚霞初等人被捕，牵涉到指挥机关被破坏，指挥者在荒乱中逃走。10号早晨，清吏即关闭武昌城门，禁止出入，并出告示：按名册捉拿，就地正法。此告示一出，各同志人人自危，达成共识，与其坐以待毙，不如一死图之，故这天晚间工兵营之枪声一响，驻城内外军队之同志同时响应，数小时之间，城内之要隘尽行占领。

武昌起义举事前原有惊变，哪有空等着您哗变的呢？当时出了令人扼腕的岔子，但出岔子未必不是好事。

10月9日中午饭后邢伯谦急告蒋翊武，孙武炸弹试验失手，瑞澂已在布置逮捕，蒋翊武一听，半句话说不出，精神一下委顿下来。刘尧澂见此可怕情形，就说不能再等，再等就是等死，提议当晚起事。于是仓猝作出决定，于10月9日夜12时举义，兴复汉族，驱除满虏。约以炮声为号，命令涉及工程营、二十九标一部、三十标、四十一标、三十二标、马队八标一营、辎重十一营、工程十一营、卫生队、四十二标等部队，各个分派任务。

本来说要推迟时段，现在突然又决定今晚（10月9日）发动，此时已是下午5点。随后蒋翊武去找王宪章，安排各要点的炸弹运送，然后即前往长湖堤西街的龚霞初家中，约到一干朋友，又往小朝街走去。不料在街上被一可疑人员跟踪，到了机关部门口，张廷辅的岳父开了门，王宪章他们却找不到蒋翊武了。

这时候是晚间8点钟，叫了一个唱戏的在楼下掩护，刘尧澂、龚霞初等在楼上密议。这时又有人以暗号方式拍门，打开一看，是彭楚藩。过了一会儿，蒋翊武也来了。9点钟，王宪章也回来，对蒋翊武说，刚才出门就是为了到处找他，蒋翊武说只等炮声一响就起事。刘尧澂又从夹墙中拿出炸弹给众人看。这时各党人接踵来到机关部，于是大家换装预备。有的人甚至手舞足蹈，幻想胜利后的美好情景。

时间不快不慢，这时已接近子夜，一班人从窗口看见一轮明月在空，照得大好河山纤尘不染，当中有人大发感慨，说道："今夜月色的意思，照得各处都是亮的，是要告诉我们无处不是汉族的土地，这样看来，天予不取，一定反得其咎。"（咏簪：《武昌起义两日记》）

无声的月光仿佛传达一种无言的启示，他们决定加快行动。然而，人算不如天算，就在这当儿，一个姓杨的跑进来，说是运送炸弹的杨鸿盛出事了！

原来杨先生用篮子提着炸弹，上面覆着大白菜叶，急急往工程营方向走去，走到门口，看他匆促紧张的样子，警卫生疑因而伸手拦他，一边动手去翻搜他的菜篮。杨先生见势不妙，陡然间慌乱起来，下意识抽出一个炸弹，就向警卫掷去。慌乱中行事，总是意外居多，这炸弹并未炸着警卫，反而反弹回来，将杨鸿盛自己炸得满面是血，情急之下，他也顾不得许多，转身就没命地跑……这一变故，事关重大，是一个枢纽关节，直接影响大局成败，然而指挥部的人不知是故作镇静，还是智虑未及，总之他们认为不要紧，因为此时已是11点半，只消再过半小时，那牵动全局的炮声就会轰响。

他们一班人还在那儿踌躇满志，却不料，孙武炸弹误爆，杨鸿盛炸弹仓促引爆，加上开会时可疑人员的跟踪，一系列事先策划时料想不到的意外，导致清兵陆续出动。指挥部悄然被围，警兵与武弁直扑指挥部，破门抓人来了。他们围在张家屋外，把大门打得山响。刘尧澂身手还算敏捷，一把拉开门，抓起几个炸弹，就从楼梯口接连向那些人抛去，不料虽然听到轰响，却未能将对方炸倒。原来他们为了避免孙武的炸弹事故，谨慎起见，炸弹的门钉已抽出，所以爆力很小。刘尧澂双拳难敌四手，遂被捉拿。彭楚藩从后窗跳下，就给一群军警围住，他情急喊道:我也是来捉人的，你看到没?我是宪兵！军警将手灯一照，见他是个宪兵装束，才不作声了。楼下张廷辅的妻子、仆人都被捕走。

原定的午夜鸣炮作为全面行动的起点，就这样意外打破了。武昌举义前夜的意外，可以说是意外中的连环套，乱象纷呈，能否乘乱破解呢？蒋翊武也被抓住，他谎称自己只是一个围观者，军警也不信他，把他关在花园。那军人看他们长袍马褂，像是教书先生，遂到前面打电话。蒋翊武立即翻墙脱逸。

咏簪先生叹道：“娲皇无术，情天莫补；精卫有心，恨海难填。”就是针对辛亥革命前夜的重大变故而发的，可怜龚霞初、刘尧澂（刘复基）等人给抓到总督署中去了。

原定的12时起事毫无动静，各部队等得焦急，又已过了漫长的三个钟头，这时已是凌晨3时。原来其间又有料想不到的事：在12

点钟前，步、炮、辎重等营中，接到了张彪的油印传单，警告各营官兵不得轻举妄动。

清廷的鹰犬在部队发送传单，而在机关部派往炮队送信的人，却一出门就浑身战栗，左看右看，好像满街都有眼睛在盯他，于是越想越怕，又看到兵营的门关着，心想万事皆休，干脆转身跑到他亲戚家躲藏去了；至于命令传送，给他忘到九霄云外，兵营中各处炮声哑然，一时不知何以自处。这样眼巴巴望着，直到大天亮还没有丝毫动静，这时已是10日的早晨了。

头一夜抓到的军中革命党，由总督瑞澂审理，但这家伙被党人历年的暗杀吓破了胆，此时虽将对方五花大绑，他还是怕到浑身颤抖，自己跑到卧室中躲起来当缩头乌龟，却叫他的参议、也是督练公所总办的铁忠，武昌知府双寿，公所文案陈树屏这三人出面，在会议厅代他审讯。

其中，审理彭楚藩时，也问得怪。铁忠问他是否革命党，彭先生答道：不错，正是！又问怎么地便要革命。彭答：我且问你，我们汉族的江山，被你们这些满鬼蹂躏这些年代，怎么还不革你的命？铁忠噎住，呆了半晌，说道：我看你的样子，本是一个宪兵，你只怕不是革命党吧！彭先生当下大怒，说道：你说我不是，我就不是吗？我只晓得以排满为宗旨，你说我是什么？

这一天夜里到天明，挣扎中的专制王朝杀了三个党人，彭楚藩、刘尧澂（刘复基）、杨鸿盛。至于龚霞初、牟鸿勋等人，则枷送江夏模范监狱中去了。辛亥革命的前夜，出了三大英雄彭、刘、杨。烈士被害前各有留言：

彭楚藩烈士："要杀须便杀，何必多讲！唉，只是你们这些满奴呵！"

刘尧澂烈士："同胞们，大家努力，唉！可怜我这造孽的同胞啊！"

杨鸿盛烈士："好，只管杀，我只怕你们也有这一日呢！"

十万火急部队打响第一枪

指挥部出事，指挥枢纽瘫痪，军营里面的情形又如何呢？万分危急、无所适从，实在也如同火上煎迫一般。

按照清廷的防备，此时兵营里面实行枪支和子弹分离的制度，在中和门内第八镇所属工程第八营营房里，该营党人总代表、新军后队正目（相当于班长）熊秉坤等人的预定任务是夺取军械所，占领财政交通机关；先前，杨鸿盛运来五盒子弹。当时营长得到命令特别戒严，就是解大小便也不许出门。部队军官和卫兵亲信等人荷枪实弹，把这些要起事的人视为大敌。但是军官当中也有潜伏的革命党，所以他们也盗运了大量子弹。过了一会儿，不利的消息传来，说是杨鸿盛被捕了，这是因为他去送炸弹的时候被发现，出师不利，反而把自己炸伤；就是 9 日的晚上，时钟鸣了十二下，竟然毫无动静，只能在焦急当中等待。

一直到 10 日的早上，当时三烈士被杀的消息被传开来，都是熊秉坤的好朋友。他得知这惨痛消息，心知最后关头业已到，或者束手就擒，或者死里求生，于是决定另行策划起义的路径。他想，他们这批实力军人，手中握有不少的兵力，绝不能坐以待毙，指挥机关既然已遭破坏，失却功能，再等下去也是空的，当务之急是要使各个军营之间取得联系。

早饭后，熊先生派李泽乾到各个机关观察，结果不妙，都被查封了。他就集合了各队的诸位同仁秘密商议，决定由他的工程营首先发难，因为他们占据着军械所，可以说是握有全军命脉，有举足轻重之势。他又警告其他人说，你看昨晚已经开始到处杀人抓人，我们的名册已被他们取得，不早动手后悔莫及。大丈夫今日造反是死，不造反也是死，死就要死得惊天动地。你看那徐锡麟、熊成基，你再看那黄花岗的七十二烈士，就是我们最好的榜样。于是安排了下午和晚上的两个应急方案。

因为清廷实施子弹和枪械分离的防备手段，所以尽量鼓励信得过的同志偷运子弹。这个盗来几盒，那个盗来几十发。第一个方案本来是 10 日下午 3 点例行出操后,顺势就干起来。谁知到了 3 点钟，整个湖北所有驻军被通令一律停止出操，可见清廷的防备也是一环扣一环的。于是这个计划就付诸流水。

傍晚时分，队官罗子清问熊秉坤，说外面风声很紧啊，是不是有什么大事发生啊？熊秉坤未及回答，姓罗的又问他，你是孙中山的人吗？熊秉坤见他问得唐突，乃正色道：革命党派别不同，但总的主盟者除了孙中山还有谁呢？姓罗的又问，那你们能成事吗？熊秉坤答，各省的革命条件早已成熟，现在湖北第八师（即第八镇）为天下第一，今天第八师发出倡议，天下不会有不响应的。罗子清听他这么畅达深沉的说话，表现出佩服的样子欣然而去。这时已过了晚上 7 点，熊秉坤命令士兵做战前准备，并煮饭炒菜大吃一通，并宣布，若有军官异动或想逃跑，应予即刻扣押。

这个时候，一个名叫陶启胜的排长，竟然逆天道而行，全不顾三番五次的警告，率领两个卫兵就奔向营内熊秉坤的住舍，企图先发制人。他盯着熊先生的卫兵金铫龙说：你们想造反吗？金铫龙早已火烧火燎，应声回答，老子就想造反，能怎么样？话没说完，两人就挥拳扭打起来，金铫龙被对方压在地上，情急之下大叫：大家不动手更待何时？他的战友闻声轰然而起，疾步跑来，提起枪托就向陶启胜的头部猛击。

陶启胜摇晃着站起还想挣扎逃跑，士兵陈定国举枪对准他，毫不犹豫就扣动扳机，情急之下的这一枪，打中他的腰部。

这就是辛亥革命的第一枪。

关于第一枪的辩证，也有争论。尹呈辅先生《参与辛亥武昌首义之回忆》尝谓：武昌首义第一枪到底是谁放的？这可能是历史上一个谜。一般记载均认为第一枪是工兵营的熊秉坤放的。但在民国三十五年（1946 年），首义同志会开会时，吕中秋却认为第一枪是他放的。会中熊秉坤与吕中秋两人均在场，吕是个粗人，为了谁放第一枪问题，两人吵起来。吕破口大骂，并赌咒说："我的屁股把给别人做脸，第一枪是我放的，枪是我打的，功却被人领去！"至于第一枪他是怎么放的，当时未问过他。为什么说这是历史上的谜？这得先研究当时的实际情况。其时排长以上才有挂表，一般老总们连挂表都没有，因此，时间之先后就很成问题。此其一。就地点而言，有的在工兵营放第一枪，有的在炮兵营放第一枪，虽然都是第一枪，但到底谁先谁后，就很难考证了。此其二。

而万耀煌先生《辛亥首义答客问》一文，则对此回忆有所辩证。关于武昌首义第一枪问题，他谈到，首先发枪的是熊秉坤，抑或金铫龙？万先生认为：首先发枪的固是金铫龙，而该营代表系熊秉坤，对付排长陶启胜而发枪起义，是数人集体分工的动作；谓金铫龙首先发枪与说熊秉坤首先发枪，均无不可，盖有祸同当，当时均争先发难也。

到了武昌首义的三年后，即1914年，在日本，中山先生曾指着熊秉坤，向各位同志朋友介绍说："这就是武昌首义放第一枪的熊秉坤同志啊！"（《孙中山年谱长编》，第553页）大概万耀煌先生即采此说。说熊先生打响第一枪，可视为广义的第一枪；至于狭义的第一枪，还得归于陈定国。

至于曹亚伯《武昌起义》写到此环节，有谓"是晚七时，工程营后队排长陶启胜查有该排兵士程正瀛枪内装有子弹，又查有该排副目金兆龙亦擦枪装弹。遂传谕：金兆龙为何如此。金兆龙曰：准备不测。陶启胜大怒，谓：尔辈岂有此理，预备谋反，这还了得，立命左右与我绑之。金兆龙云：今日之事，乃我为政，今日之人，俱我同胞，谁也不能绑我。而程正瀛在后即用枪柄向陶启胜头脑猛力一击，脑即击破，立时倒地……"（《近代史资料丛刊·辛亥革命·第五卷》，第106页）此说和熊秉坤叙述出入较大，而曹氏并非在此现场，却说得活灵活现，近乎演绎，实为臆想；而武昌首义之第一枪，却鬼使神差，退隐消于无形，差之毫厘失之千里，史料采择，能不慎乎？

一枪引得万枪发

再说那个陶启胜挣扎着逃出军营，次日还是死于家中，大厦将倾时节，作为清廷的爪牙，他的这一挑衅毫无意义，死得自然价同鸿毛。但他的冲动所引发陈定国的这一枪，却引起了全营的震动，不明就里的兵士纷纷举枪乱射，枪声炒豆似的，响了好一会儿。熊秉坤当即率队和其他队官向外出击。这时又有一个姓阮的营长率卫兵反抗，并大放厥词，嘶喊着劝告大家不要反对大清朝，说是那会家破人亡的。陈定国哪容得他的胡言乱语，当即就举枪连发射击，将这阮营长和他的两个卫兵打死。这时军需房已被起义的士兵打开，里面钱物不少，有人见利动心。一个士兵相当机警，怕钱物抢掠坏了大事，就顺势将照明的油灯推倒在物件上面，瞬间引起大火燃烧，于是熊秉坤顺利带着人马杀出营门。到了十五协的西门，朝天开三枪，这是预先约定的暗号，意思是叫他们也可以出动了。到了千家街与一队旗兵对峙，双方怒目相视，但没打起来，这时看到北面火光熊熊，知道是别的军营也开始发难了。

原来，那是二十一混成协辎重工程营开始行动。10日的傍晚6点钟，主营志士看见到处抓人，再不出动，不免死无葬身之地，于是，三十标的方维、谢泳泉、彭纪麟，孤注一掷，冒险翻墙而出，潜往各营通知起义。工程营的马荣、熊秉坤也奔忙着四处通知。

10日白天正换班，二十九标二营系蔡幼香（蔡济民）值日，三十标一营系吴醒汉值日，三十标二营是徐达明值日，于是他们决定死中求生，非干不可。议定晚上点名的时候干起来，由吴醒汉率三十标各营占领楚望台军械局，转道进攻总督署左翼。蔡济民带二十九标各营进攻总督署右翼，然后尽量在同时和工程营、炮队相呼应。商量完毕，各自回到兵营准备。

到了7点半的时候就听到工程营响起了枪声，二十九、三十两标的营房里面枪声响个不停，于是吴醒汉就冲出营房吹笛站队，士兵持枪集合。为了稳妥起见，吴醒汉就叫来心腹士兵冲到军械室，派了四个人守门，把子弹尽量多地发给汉兵，而旗兵颗粒未得。这些旗兵也不敢来争夺，大门洞开了，士兵蜂拥而出。向楚望台进攻时会合了大队人马，工程营吴兆麟已经带人到达。走到金水闸时，总督瑞澂派有消防队把守。这班乌合之众慌张惶急，遂拼命放排枪，起义部队牺牲了几个人，于是又折回楚望台，跟蔡幼香、高尚志重整队伍，向蛇山方向行进，经过黄土坡时又会合一队人马，于是和蔡济民等人分别进攻总督署。

张任民《我参加辛亥武昌起义忆述》(《春秋杂志》,总第329期)，当时他由广西陆军小学升入武昌陆军中学，这一期共有一百六十余人，因逢时会，竟获得了亲身参加武昌首义的机会。说是在10日夜间9点钟，他们这一班年轻人正上自习课时，突然听到在学校隔邻轰隆一声巨响，炮弹飞向半空，课室的玻璃窗门都被震动，此时便有几个同学跳上课桌，大声叫喊着："同学们，果然机会来了，不可错过啊！"未几，炮声继续大作，一连轰射了二三十发，此时全校秩序已经大乱，各队长及值日官高呼："维持秩序，听候命令。"虽有少数同学迟疑观望，未做表示，但终因大势所趋，仍然随众涌出课室，到处只见人群聚集，议论纷纷，官长喊破喉咙，已没人理他了。

再说工程营的一拨人马前往军械所，得前营长李克果指点，向空中发弹，将守卫五人吓走，于是得到足够弹药。熊秉坤带队在此和吴兆麟等会合，众推吴兆麟为临时指挥官。命令左队原排长邝名功带一队，前队原排长伍正林带一队，夹攻总督署。不一会儿蔡济民亦带队前来参战，合力进攻总督署。同时金铫龙、徐万年等人推着几台大炮过来。当炮队入城，楚望台、蛇山等处的炮击开始以后，战局出现转机，新军各标营更多的士兵起义响应。营以上军官绝大多数见势不妙，纷纷换装逃窜。起义军快逼近总督署时，湖广总督瑞澂慌忙凿开本来没有门的督署后墙，连滚带爬，经过文昌门后，逃往楚豫号军舰。督练公所总办铁忠尚欲顽抗，呼叫各部军官组织可靠兵力保卫督署，会剿起义士兵。就在这时，总督署签押房被炮弹击中。铁忠见大势已去，也慌不择路，紧随瑞澂奔窜而去。张彪率部抵抗一阵后，也溜出城外，逃到刘家庙。

但攻击总督署的部队攻势不佳。因为夜深天黑，射击目标模糊，炮兵无法瞄准，就临时购得洋油数桶，将一堆木料燃烧起来，明火熊熊，总督署的目标在火光中变得很显眼。大家说，今夜不攻破，明天会有大麻烦，于是借着火光瞄准，步、炮、工兵合力开炮轰击之。

在吴醒汉这边，10日7点钟，外面枪声响了三下，各营的同志就破门出发，有的攻打总督署，有的冲击张彪衙门，有的包抄消防队，炮队也从城外接入。人多势众，攻势猛烈，清朝的大小官奴，惊骇万状，四处奔逃。8点钟，吴醒汉、吴兆麟、马明熙、徐达明、郑树林、蔡济民等就在楚望台集中，商议推举都督以统民军，出告示以安人心。11日凌晨开炮攻击的时候，进展也不利，指挥官伍正林损失大炮两尊，就想自杀，被人劝阻。不久阙龙、三十标彭纪麟都来增援，这才加强了攻势。

绚亮的抗暴，清洁的革命

武昌起义来得波澜壮阔，但整个广义的辛亥革命时期，最绚亮的莫过于定点清除者奋起抗暴。也只有从他们身上，我们才能看到未来的自由中国的一线曙光。

史称革命圣人的朱执信，他的弟弟劝他不可太冒险。他慢慢举起手来放在颈上说道："好头颅，谁当砍去？"又把人头打个比方："譬犹沙煲，有用其煮饭，经岁月而后损坏者；又有用以盛炸药，掷向奸贼，随用随毁者。吾则盛炸药之煲也。"（《朱执信行状》）这是一系列定点清除的心理准备。定点清除是人类文化的一个组成部分，它对忍辱偷生、好死不如赖活、宁为瓦全不为玉碎等苟且、奴性传统，是一种点对点的纠正。从史坚如、吴樾，到温生才、彭家珍，他们的行为正是如此，理应流芳百世，万众景仰。

清廷上下，大多是一群窃取了政权却不敢正当使用权力的超级土匪。他们在吴樾这样的仁人君子面前，就是一群不穿衣服、没有廉耻的畜生。他们害怕那些象征着文明、理性等人类普世价值的衣服。

至于有人说暗杀没有用，杀了这个，自有他的替补继续上位，这是不审之言。专制鹰犬多为保命大王，看到暗杀的效应，早已觳觫战栗，或则退居林下，或则逃逸躲藏，或则输诚投降。他们不太可能为了逆天道的专制政权而慷慨赴死。

徐锡麟刺杀恩铭，事发后，清廷高官大僚有这样的议论："革命不足畏，唯暗杀足畏。"这是一系列精进突击的自然效果。

在烈士受审时，大吏刑官有暗自称许、不禁点头的，有铺纸研墨的，有提痰盂供豪杰使用的。徐锡麟受审，一派大气磅礴之姿态。观其镇定之神采，审讯者面面相觑，一时为之语塞。

温生才受审时索取纸笔，不假思索，挥笔疾书，痛述严重的民族危机，声明"与孚琦并无仇怨，不过近来苛税杂捐，抽剥已极，民不聊生，皆由满人专制，害我同胞，故欲先杀满官……为四万万国民伸气"。李准、张鸣岐先后亲审，温先生与之大谈为将之道，或予以警告，令其中心震恐，竟然思迷离而神恍惚。

定点清除是对生命的无限关注，卸下绞肉机上机动的螺丝，打掉其几乎无意识无休止的绞肉功能，菩萨慈悲，善莫大焉。当下的苦难，必在当下解决。若俟诸异日，不知又断几许头颅，又死无量生命，又流无尽颈血。出发点，是说生命不能预支。历时十余年的定点清除，是辛亥革命的重要组成部分，也是核心部分。武昌起义则是压垮骆驼的最后一根稻草，是在定点清除的基础上的推导和推倒。定点清除的效果，较之武昌起义的拖泥带水、民众死伤，不可同日而语。

太平天国的根子还在晚清的专制政治的腐烂。洪天王本是社会的受害者，但其历年的屈辱直至疯狂已经不能唤起当政者的任何怜悯之心，加以事情无法得到疏浚，社会戾气长期聚集，已经堕落为一个暴力蔓延、奉行丛林法则的社会。面对这种体制性的定向性暴力压迫，单个社会成员根本没有能力抗争。于是太平天国出现了。

政治清明，人心向善，民风淳朴；政治腐败，人心向恶，民风败坏。晚清数十年，人的道德底线是被统治者一次又一次突破的，官权公然剥夺民权，强权肆意践踏人权，造成了大批流离失所的人群，产生了大量的哀哀无告的弱势群体。压抑憋屈、生不如死的民众，压力没有正常释放的途径，被迫对社会施以报复，太平天国就是如此。

然而像太平天国这样的大型暴动，其所造成的社会震荡，以致历史产生难以愈合的巨创。

别说太平天国了，就是武昌首义，也有滥杀现象。当然，根子还在清廷的腐烂阴毒，但对于无辜者身处震荡的前沿，那就太悲哀了。

张任民《我参加辛亥武昌起义忆述》(《春秋杂志》，总第 329 期）记述他所亲历的辛亥革命。当时他由广西陆军小学升入武昌陆军中学，这一期共有一百六十余人，因逢时会，竟获得亲身参加武昌首义的机会。

10 日的晚上各处震动了，革命近乎自然地多点爆发了。学生们欢声雷动，立即各返宿舍，全副武装，整队集合。当时在场军官并无一高级者，多为连排长级。全校同学共约十队，不及千人，“当纷乱之时，荆州旗籍学生多已乘乱逃亡，只有一名叫崇厚者，系一期生，被同学拖出校门，用利刀连刺数刀，抛下校门外小河桥下。因本校在武昌城外的南湖，校外有一条小河，直通武泰闸与保安门也。

由南湖学校到武昌城，平日步行约需一小时许，故全校队伍入城时，天已大明，此刻武昌城内，家家闭户，路绝行人，街上只有军人往来，且军人任意搜杀旗籍满人，不分老幼，尸横街衢。本校兵学教官宝英先生（满人），亦在此时全家遇难！据闻乃本校助教马某某所杀。总之，当时局势剧变，人性横决，且因属民族革命，所用口号，乃‘兴汉灭满’四字，故在那三几天内，武昌城内外无辜被杀戮者，不下千数百人。”

这些人和慈禧集团的专制魔王是完全不同的，但他们成了兵变的替死鬼。真个儿是冤哉枉也。

定点清除是伸张社会正义的一个选项。

中国人不得不作许多无奈的选择，一个重要的原因是他们被禁止作许多别的选择。清王朝实行的是一种反人性的暴政。人们很快就觉得无法忍受了，民众和平说话申诉冤屈的途径完全堵死，就连清廷内部开明人士的诉求也都连续遭受扼杀，民众讲道理的概率为零，反抗随后就会发生。但大多数人没有反抗的勇气，只能选择逃避。到了避无可避，直至发生洪天王式的太平天国革命，玉石俱焚。这是蛮横的统治者严重分裂了社会。在分裂的社会，理性起不了作用。

弱者与失败者长期遭受来自权力部门的定向暴力压迫，因无力反抗而将心中的不满与愤怒转化成对更弱者的无定向性暴力。究其原因，整个社会形成了赢者通吃的格局，这些社会底层的行为也毫无任何道德底线。

清廷的定向性暴力催生出个人泄愤的无定向暴力，这是清廷的习惯性动作。

党人的定点清除恰恰相反，他们是制止定向暴力，同时避免无定向暴力。

中山先生摩顶放踵，等于是菩萨般的人物。其革命重点在改革，还不是武装的部分。他和他的追随者，秉持为生命求尊严的价值理念，担负起拯救天下的责任，为苍生创造一个更好的社会。

同盟会诸君子挺身诛暴君，可算是有史以来最干净、最清洁的一种战争方式。

项羽曾对刘邦说，天下大乱不止，都是你我两个人造孽，我们来决斗吧，不要再苦了苍生。可是刘邦不干，他要让无数的炮灰来替他攫取天下。

钱锺书先生引英国民间谚语说，把那德国的君王将领，以及英国相应的内阁大臣，放置在近处的战壕里面，让这班人互相抛掷炸弹，其结果，只消三分钟，这两个国家就必然和好如初。

钱锺书先生进而申说道：西方中世纪，两国攻伐，亦每由君若帅挑战、斗将（single combat），以判胜负，常曰“宁亡一人，毋覆全师”，“免兆民流血丧生”(Better for chrestien etla destruction du peuple)，即所谓“士卒何罪”，“毋徒苦天下之民父子为也”。士卒则私言曰：“吾曹蚩蚩，舍生冒锋镝，真何苦来？在上者欲一尊独霸，则亦当匹马单枪自决输赢。”

定点清除不是以暴易暴，相反，它是对暴戾、暴虐、暴行的制止。

这就是社会震荡最小的定点清除。所以，定点清除是一种特殊的代价最微小的讲道理的方式。其实际效果，从社会、生命耗损的代价来看，近乎天鹅绒革命，而且从追求的结果来看，民国的建立，和此前的历史的造反、改朝换代性质迥异：辛亥革命是民权的诉求替换专制之朝代。

狭义的辛亥革命和广义的辛亥革命的关系，历年陆续出现的定点清除，就是武昌起义的不同时间段的陆续的引爆。

有了无数次的大大小小的武装起义，哪怕结果都渐归失败；有了无数次的定点清除，等于给武昌起义打下雄厚的基础，搭桥铺路，穿针引线，固基构体，只等装修，即可入住。

刘复基、彭楚藩、杨鸿盛等烈士在武昌起义前夜被执，铁忠等人代替瑞澂审讯，结果审讯者冒虚汗、打摆子，觳觫惶恐，几乎就要虚脱的样子，也要拜定点清除之赐。这类清朝大吏，外界的变动还有待再加一把推力，而其心中的柏林墙却已轰然坍塌，也是源于对真相的恐惧。此时烈士被执，生死俱在其手。按说他们应该不可一世，生杀予夺，予取予求；但是恰恰相反，他们筛糠般惶惶不可终日。正是历年的定点清除，把他们逼到了墙角。武昌起义，一呼百应，在于此前的基础已经稳妥打好，这是一个正确的地点——中部同盟会认定的战略要地；这是一个正确的时间，历年的起义、暗杀，争取到一个水到渠成的时间。

轮番的开花，此时必定结果。

实施定点清除的志士，不少人献出了热血和头颅，这是对民生、民权、民族的信仰的力量。肉体的陨灭，是为了寻求国族精神的自由。他们是真正的历史转折点恰切到来的伟岸而崇高的推手。他们的死，让独裁者发抖，也让我们生者赧颜。

美国人因反抗暴政开局而立国，赢得自由。至今在美国首都华盛顿的杰斐逊纪念堂屋顶，还刻着这位美国第三届总统的名言："我在神的殿堂上发誓，向残害人类心灵的一切形式的暴政永远宣战。"

定点清除，就是坚定结束暴政、建立一个自由中国的决心！

远征军参谋的绝地行军

抗战期间，一代青年幕僚也成长起来，很有一番作为。

罗友伦在1939年年底，从陆大研究院调到第五军担任参谋处长。本来张发奎在抗战时是第四战区的司令长官，他打电报给陈诚，要罗友伦担任第四战区的作战参谋处长。这个职务是很高的，因为下面有军团、兵团，然后下面才有军、师、团……隔了好几层。他没到张发奎那儿当大处长，而选择在第五军当小处长的原因，在于前者（战区）机关牌子太大，指挥机构太高，除了做计划之外几等悬置；而部队（军）的参谋处长则是直接管部队的，两者差异很大。罗氏甫上任即督练军直属部队，有时直属部队比一个师还大，如战车团、汽车团、工兵团、辎重团等很多团的部队都归参谋处督练。天天在部队里活动，令其感觉很踏实，这和士兵的联系是零距离的；再者第五军是王牌机械化部队，精华都在里面。

他到第五军当上校参谋处长，正好赶上昆仑关消灭日军的凯旋曲。

1942年2月，第五军开赴昆明，旋即转赴缅甸，这即是远征军。那时罗友伦已是少将参谋长了，督导了三万多名将士、一千多部车辆，由昆明运输到腊戍。后来司令部就设在缅甸梅苗，美军史迪威将军、英军蒙巴顿将军的司令部也同驻一个山庄里。盟军就在那里举行联盟作战会谈，最后采用第五军幕僚研拟的作战计划，以第二○○师南下缅甸中部的同古阻止日军前进。

于是第二○○师到了同古，与日军发生了激烈的战斗，终被日军三面包围了。那时最高统帅命令该师死守同古，牺牲到最后，以表示国军的精神。因为救援部队相隔百里远，所以只能在撤退与死守之间作选择；假如死守，就会眼睁睁地看着被敌人包围、歼灭。那时第五军有三个师，如果有一个师被敌人吃掉，只剩两个师，士气一定受挫，而且坐视不救，有损指挥道德，因此罗友伦力主撤退。但撤退是违抗最高统帅的命令，可能受军法审判。罗氏和军长杜聿明、最高统帅部参谋团团长林蔚在房间内反复讨论了几个钟头，始终没有结论。时至深夜，罗友伦说：“假如不立刻下令撤退，就再也没有撤退的机会了，如此一来，一定会完全被敌人包围歼灭。”于是他动手拟好了命令，请杜、林签字。他们都不肯签，罗友伦只好先签名以示负责。那时作战有一个严格的规定，就是指挥官与参谋长同负责任，所以要是违抗军令，军长、参谋长都要接受军法审判。最后军长杜聿明被他说服，也签了字。在一夜之间全师循着铁索桥渡过河川撤退，使拂晓前敌人的四面包围攻击扑了一个空。事后第五军二○○师戴安澜师长向罗友伦抱怨，说军部不管他，将他丢在那儿。实际上是撤退命令发晚了。缅甸同古战役之后，接着又有平满纳战役等其他战斗。

罗友伦事后回忆：

1942年夏，战事失利，被迫转进缅北，再转进印度，原来山间的小路在雨季时都变成了小河。一步一步地走入了原始森林，行进非常困难，于是把带来的几门炮及几辆吉普车也通通丢掉了，只剩下几部装甲车，和一百多匹骡马。我们越过了伊洛瓦底江，深入不毛的地方，一天露营在诸葛亮五月渡泸河坝上，因喝了河水，三千多人通通腹泻，听说骨灰可以止泻，于是把马杀了，烧成了骨灰给官兵吃，果然止泻了。

回到了部队，困难情形愈来愈多，最后连装甲车也丢掉不要了，而一百六十匹骡马也全部倒毙，之前我一人就骑了十六匹骡马，在路上行军时，马匹不倒毙，而到了休息时，马匹就倒毙。死去的马匹也都被吃光了。

连续不断大雨，下得连对面都看不见人。一天走到一个山头上，全军没有一支洋火可以擦得着，因此虽然仍有粮食，但无法熟食，只有我一人身上带的火柴可以用，因为我是穿着毛衣，毛衣可以御水，大雨下过了，不一会儿就干了，所以洋火在身上不会淋湿。但火种虽点燃了，却没有木柴生火，因为树木都是湿的，后来有人说起枯树枝是干的，因此我们就折了很多枯树枝摆住一起，果然火柴一擦，枯树枝就起火燃烧了，于是大家又有熟饭可吃了。

我们走过了不知多少河流，因为道路都变成了河，有的因山洪爆发，波涛汹涌，根本无法渡过，因此前卫司令官因为工兵架不了桥，不能达成任务渡江，所以想要举枪自杀。我赶到前面，集合土人，问他们如何才能渡过这条河，他们回说得架桥：长长的藤绳绑在河边的大树上，然后搭成三角形，再扩大延伸过去，同样的再把藤绳绑到对面的大树，做成了一个藤索大桥，就可以渡江了。我们循着藤索天桥，一步一步地走过去，像这样的河流不知经过了多少。而且愈走愈困难，前面走过的前卫，沿途就留下一身白骨，感觉好像真的是进入了人间地狱。在路的两旁，有些士兵身上爬满了蚂蝗，数以万计地围着在那儿啃食他们的尸体，其中有一位士兵眼睛、嘴巴还能动，他说："军长、参谋长！救救我吧！"但我们也无计可施，谁能赶得走那么多的蚂蝗，而把他救起呢？那时因为雨季太长，水泡得太久，四肢都麻木了，所以常常一旦坐下来，就爬不起来了，稍一迟疑就会有蚂蚁、蚊蝇出来围攻你。我的一个侍从副官就因蚂蝗从尿道里钻进去几乎丧失了性命。

从缅北到印度，我们绝地行军，一路上遭遇饥饿、疾病、虫害，死在途中的有八千多人，沿途都是白骨。我们带了一万一千多人，到了印度只剩下三千多人：而带着的一百六十四马，全死在路上。有人还说我们比牛马还要健壮，在那种环境之下，像牛、马一样壮的也死光了，我们之所以能活着，主要还是靠着求生的意志力量，人类求生存抵抗恶劣环境的力量，要比牛马强得多。到了印度重整军备，在兰姆伽训练，后来这些部队就从缅甸反攻，消灭了日军的第十八师团，打通了雷多公路，直通昆明，从此物资源源而来，使后方得到了补给，壮大了国军的反攻能力。

我到了印度，反而害了热带病，一直高烧不退。史迪威将军就把我送到印度医院养病，病愈之后，畅游了喜马拉雅山脚的大吉岭。不久我就乘了飞机，飞过了喜马拉雅山的驼峰，回到了昆明。（罗友伦：《从桂南会战到缅印绝地行军——第五军抗日作战忆往》）

罗友伦晚年，记者曾专访他，其中一个采访的问题涉及幕僚作业。记者问：抗战时对日本人的装甲车挖深壕沟来阻挡，您认为这种方法好不好？罗先生答：当然有其作用，这种壕沟就叫战车壕，可以阻碍敌人战车的前进，敌人经过时，不小心就会掉下去，爬不起来。敌军通常碰到这种问题，就是叫士兵用堆土机将路坑推平后，才可以重新开动。

至于士气方面，有人认为部队越打越差。罗友伦以为，虽然打得很艰苦，但士气一直都是很高昂、旺盛的，因为我们受日本人欺负的时间实在太长了。士气是要看领导者而定，就算在一个师内，每个团的士气也都不一样。假如指挥官勇敢，身先士卒，那他的部下一定也跟他一样很有战斗精神。这些看法，实在很有参考价值。

战火浇铸参谋指挥之雄才

南京保卫战开打，那时日军对南京分三路进攻：右路沿沪宁路西进；中路由宜兴经溧阳攻南京；左路由太湖南侧西进，共向南京合围。时任教导总队参谋处作战参谋的刘庸诚先生在《南京抗战纪要》中说：

作战之惨烈处，“援助我方的苏机被日机击落一架，烈士的尸体掉在小营坝子里，摔成肉酱，面目模糊不清，后由总队派人掩埋在太平门外地堡城附近”。

“十二月八日后，敌人集中炮兵火力向老虎洞猛轰，步兵随即发起冲击，我方以密集的火力向敌猛烈扫射。敌人这天伤亡惨重。其后，敌人又利用风向，升放气球，发射更多的炮弹和烧夷弹，再次猛攻，全营牺牲大半。罗雨丰营长英勇殉职，老虎洞遂告失守。”

陈纳德回忆录中所说的南京初期空战，在教导总队的下级军官回忆中，也可窥一斑。“南京东郊上空的激烈空战，敌我双方的飞机都不少，相互围绕，像飞鸦一样在天空交织盘旋，射击的枪声，历历可闻。”

第一线阵地开战后，日军以双倍的兵力向我猛扑，炸弹、炮弹倾泻而来。

在南京保卫战中牺牲的团以上指挥官有：饶国华、姚中英、朱赤、肖山令、华品章、司徒非、谢承瑞、易安华、李少霞等。

几支精锐部队，在暴虐日军的冲击之下，很快就被分割成几个孤立的点，这在战略上，已失却一大半的优势。而且国军在后来的战争中，过量的越级指挥，在那时就已见端倪，即战役的总指挥越过军、师长，直接指挥到旅、团、营一级。本已松散的指挥系统，于是阵脚大乱。中国长期的积弱，是为远因；武器的窳败和指挥系统的失灵，则为近因。意志固然重要，但在强大火网威迫之际，精神毕竟不能代替物质。

谢尔盖回忆他的父亲赫鲁晓夫，说他的父亲和艾森豪威尔一样，都认为战争太肮脏，太可怕，没什么好，因此他们都不大看战争电影。过来人的想法究竟要深沉得多，他们说只有没经历战争的人才喜欢看战争片。（《参考消息》，2005 年 1 月 5 日）

这是因为战争太残酷了。唐生智为了表示破釜沉舟、背水一战的必死决心，将下关到浦口间的所有渡轮，均由宪兵把守；擅自渡江的部队或军人，如有不听他们制止的，可以开枪射击。这和实际的撤退命令完全是背道而驰的战略，也是昏头昏脑的战略。

所以到 13 日敌人进城后，下关一带还在纷纷地扎木筏抢渡，自相践踏，有的淹殁到江中去了。也有许多士兵，徘徊在南京街头，六神无主，到处乱窜。守南京的十多万大军，就这样一阵风吹散了。

有的军人认为唐氏在南京拔地而起，是要抓军权，以慰藉其失落的心态，这个分析也不大贴切。倒是唐生智自己所说“有人说我办蠢事（指守卫南京），我说，世界上有些事情也是要蠢人办的”。那时，四川刘湘部队也编入国军抗战系列。他在南京遇到唐氏：“听说你要守南京。”唐答:“只好拼老命。”又问可守多久？答曰天晓得。

撤退命令是12日中午下达的，这个时候，大半关口都已被日军突破。12日当晚才研究出一个大致的撤退方案。

一位电雷学校指挥官回忆，12月13日夜撤退江北，冲出日军封锁线时，炮火布满江面，一片火海，溃散的军民，漂满江面，敌人的炮口发射着红光绿火，在渡江人群中爆炸，其状惨不忍睹。

除第六十六、八十三师之少数部队顺利突围，其余被打散了的部队全部涌入下关，造成极度拥塞的严重失控局面。

全线溃退以后，日军对我负伤官兵，多人捆绑之，一并用大量煤油就地烧死。冲散的部队，所过之处，尽是凄风苦雨，尸骸横陈；日军全面占领南京后，即展开骇人听闻的南京大屠杀，写下史无前例的野蛮记录。

南京保卫战中，中下级军官的超乎寻常的表现，一时成为民族苦难中的亮点。原来冒险犯难的殉道精神，潜伏在民间，在杰出军人的教育背景中。盖辛亥革命以来，在一代大学者的带动之下，有抱负，有担当，正是那一代青年军人的追求。

当敌人已打到光华门的时候，教导总队曾以大量汽油浇下城门，配以密集火力压制敌人。谢承瑞团长亲率一排战士，突然把城门打开，十几挺轻机枪同时开火，多数敌兵均立遭击毙。谢团长战前业已抱病，后又为火焰灼伤，体力不支，竟在通过挹江门时，因拥挤而被踩死。

当时混乱的情形便是如此不堪形容。

教导总队中，青年学生军人最多。他们是各军师中最后知道撤退命令的，总队长桂永清命令烧毁文件及抛弃辎重，然后招呼参谋长邱清泉一起走。这时紫金山主阵地的战斗还很激烈，邱清泉站着处理文件，冷静地说："你先走吧，我暂留下，再和各团营通话，研究撤退的办法。"

桂永清带着几名卫士匆忙离开地下室。邱清泉一边处理文件，同时静坐在电话机旁，一支接一支地抽烟，若有所思。没有接到撤退命令的小炮连长严开运来报告，说他们打下了一架日本飞机。刘庸诚烧完地图后，邱清泉对他说："你受过伤，先走吧！"这时，地下室内，只剩下邱清泉和他的两名卫士了。暗淡的光线中，只有他的烟头在一闪一闪地发光。教导总队撤退的那一夜，邱清泉心事如潮涌，充满了别绪和离情，那是肝肠寸断的一夜。同时那浩然之气也由此定型，使薪尽而仍能火传。刘参谋到挹江门时，人马拥挤喘不过气来，走到三岔河，根本找不到总队集合的地点。沿江拥挤着成千上万的人，叫骂声不绝于耳。

南京投入的部队还不如上海会战的兵力多，但从全面战争考虑，是要赢得时间，以拖住敌人，使后方部队迅速调整，也不能在此一役中将精锐部队拼完。所以，虽然投入十余万部队，实际上形同孤军作战；而对方则来势凶猛，并有源源不断的后续部队和压倒性优势的火力。

文天祥的名句："三纲实系命，道义为之根。""鼎镬甘如饴，求之不可得。""是气所磅礴，凛烈万古存。"烈士型的道德楷模，贯穿古今志士的胸臆，养护他们藐视、抗击黑暗的自由精神。

所谓"板荡识诚臣"，受苦受难的程度上，则风浪越烈，越加凸现考验的程度。这就是菩萨修行的难行道，也是军队转型后，新一代军人文化人格的最高境界。

暗夜如磐，风雨交加。夜，勾起一些特别的感觉，然而，又令人扼腕。一个长夜未尽之际，呈现出一个生命中有凄凉、坚忍中有悲壮之夜；以社会治世理想为己任，知其不可为而为之，逢乱世则不惜以身殉道。他们是争取民族独立、捍卫民族自由的代言人。

幕僚作业及参谋意识的延伸

古人讲究的文章，思想宏富，开一代风气，则文字的敏感和讲究也有独在的时代意义。文句的泊漾，虚词的迤逦，种种回环的空间，潆洄水抱，颇有积雨空林的畅朗幽谧，英词盘郁，可润金石，这实在不在战斗性之外。实际上就连纯写景的山水田园诗也暗含一种态度，况乎战斗的闪避旁逸：颠跌反射与文章技法屡有本质契合。邱雨庵（邱清泉）论兵，说“三层火网，子母连环，立体三层，平面三层，上下掩护，内外策应，缩小正面，加大纵深”（《教战一集》）。挺拔与遒劲，自在其中，只要不和贱肉横生的文奴文佣把臂入林，则文字的讲究只会增益思想的深度，而兵法的深郁自然加重志士的分量。

他出国深造的心曲，乃因国际形势渐趋险恶，尤以日本帝国主义者进迫日甚，对日作战，必不可免。邱清泉以民族解放，任重道远，乃决心在军事方面再求探索。陆军大学为德国军事学术宝库，教授均系第一流军事学家。当时校方歧视外国学生，最新讲义多有保留。邱先生向学心切，软磨硬泡取得后，连夜打字抄录，秘为保存，预备再做研究。三年求学，他所集中致力者，就是战术战略及国防建设，尤其对于巴尔克、老毛奇、施利芬及克劳塞维茨的战争理论详加比较研究，于古德里安之装甲骑兵战术，亦多用心，曾谓“如果世界第二大战爆发，则将为机械化部队出风头之时代矣”。他对于鲁登道夫的全民战争论兴趣亦浓，尝于课余翻译，寄回国内杂志发表。

昆仑关大战时，邱先生为第五军新二十二师师长。他一面教授军事理论，一面实践德国机械化战术。

1939 年 3 月，军委会校阅组评定，第五军居西南各军第一，新二十二师又为第五军第一。这年 9 月，该师自长沙会战后，移防广西，年底在昆仑关以南的五塘附近，阻击进攻柳州、桂林的日军部队。邱清泉先以奇兵突袭，占领五塘、六塘，佯与日军周旋，诱其深入；主力则在山坳隐伏。12 月下旬，日军推进迅速。19 日夜，邱清泉炸毁五塘、六塘大桥，截断日军退路，以机械化部队兜头打击，日军惨败，创国军攻坚战之新页。邱氏的战略战术都与年龄长于他、官阶高于他的刘峙、汤恩伯等有所不同。

1944 年，他又以“火烧背阴山，水淹龙陵城”的策略，配合盟军陈纳德将军，收复龙陵等数十据点；两个月后，又协同盟军攻占畹町城，滇缅公路随之打通。他尝自述其战术思想：

“乃深受克劳塞维茨影响，即使用无限暴力歼灭敌人战斗力。”“现代的战斗，无论攻防，火力总是第一。”

“火烧背阴山，水淹龙陵城”之策略，乃是邱清泉在 1944 年攻克滇西龙陵之役所提出并施行的。当时策应滇西远征军以收夹击之效，第五军增援。邱先生一面与史迪威所部密窦顿上校及飞虎队陈纳德将军等协商密切配合事宜，一面亲自飞赴前线实地视察，检讨得失，策划应战，将滇缅公路敌军截成数段，使归路断绝，狼狈溃退。国军 11 月初克复龙陵，继之以锐旅续向上寨推进，连克双坡、于隆、邦打、拱撤、河边寨等地，同月下旬又克畹町北面之象鼻山、罐子山、冷山诸要点；盟军则于 1945 年 1 月下旬进占畹町，至此西南国门以内已无敌踪。缅北方面，驻印军自 1944 年 10 月由密支那向南进攻，滇西缅北两路大军在芒友胜利会师。次年 1 月，全长 1566 公里的中印公路，得以完全打通，而同时维持我抗战时交通的中印油管也开始通油。

从大战中不难看出其明显的德军用兵特色，即亚历山大大帝所惯用的“打铁战术”，或曰“锤砧战术”，即拨出部分兵力充当铁砧，再以合成精锐部队当做铁锤，兜头打击敌人侧背，促令敌军在双面夹击之下崩灭。

在艰苦的抗战当中，邱清泉几度濒临死神的召唤。昆仑关战役时，日军投下的炸弹在他数十步之遥爆炸，同样毕业于中央陆军军官学校的亲侄在眼前阵亡。

龙陵战役他的总结是：

一、火力重于兵力：现代的战斗，无论攻防，火力总是第一。如果火力强大，一连人担任一千公尺的阵地是毫无问题的。不仅非常坚固，而且纵深可以配备得很大。

二、搜索重于战斗：搜索分战斗搜索与威力搜索，威力搜索就是战斗。我们知道火力固然重于兵力，但是发扬火力，一定要搜索得确实。我们必须先把敌人的炮兵阵地、机枪阵地……横广纵深等搜索准确，然后才可分配各种枪炮火力，以充分压倒敌人。

三、补给重于作战：补给是战斗力量的源泉，如果弹药送不上，用什么力量去打呢？如果米盐送不上，饿着肚子还能作战吗？因此军师部的军需处，团部的团副及军需，营部的营副及副官，以及连上的特务长，在作战时应该特别注意部队的补给；同时第一线的官兵，应该尊重后方勤务人员。

邱清泉着重指出中国军队训练不足的问题，特别是通信、工兵等特种部队，由于长期缺乏器械与训练，因此无法在战场上发挥专业。邱清泉认为，这些军直属部队在战场上对各师处于协助的角色，应该发挥小单位独立作战的功能，格外重要。

这是刀架在脖子上的反抗，甚至是受到致命打击后的反抗。当他醒过来，包括他所保卫的祖国，在一次次的战争中，此时已有技术上的优先、谋略上的率先，毁灭性打击即力量上的领先，战役中先下手为强，得一“先”字，即战略先机。这可解释他的投入战争是为了胜利，终局是为了胜利。从而避免被宰割、被奴役、被铁幕笼罩折磨。

他的反抗是基于一种被迫的理念，他在进行的过程中则异常地投入。

1943 年他在昆明城郊的时候，远征军一部退回在此编练，得以从经验中淬炼出可贵的军略智慧。他提出养兵重于训练，命令各单位在驻地饲养家禽，种植瓜菜，以辅助副食，增加营养，并以中医中药补西医西药之不足，为官兵调摄治疗。其有病亡者，视宗教信仰之不同，召僧道、牧师、阿訇为其祷祝安葬。不到半年，不仅官兵体力大增，情感亦亲如手足，部队团结力益趋强固。补给与后勤问题的重要性，在军事与组织管理的领域当中，常常未被赋予足够的重视，这和蒋纬国在西北的用心是一样的。据《一个将领的养成与形象反思》介绍，邱清泉从细节入手，各连组织伙食委员会，采买账单逐日公开，此为民主程序化之要端，在当时恰是解决贪渎与官兵营养不良的良方。在与美军接触的过程当中，美军重视官兵福利与休闲的风气，也逐步影响了中国军队。第五军军长希望各营部与连部都要建设花园，美化营舍，官兵每周办理会餐与娱乐节目。这些观念，在当时都是异常新颖的。

第一流的幕僚，其人格、头脑、心胸、智略等，俱应有相当的独立意识。

邱清泉除在教导总队任参谋长，为幕僚生涯精彩之一笔外；其在留学报告中建议我国现代化国防军之建设达两万余言，亦深受上峰器重。1940 年秋，他任军委会委员长侍从室参议，复任幕僚。当然，1934 年出国前，他任陆军军官学校政治训练处少将处长，也可看做幕僚时期。

次年春上，邱清泉短期调任军训部第十六补充兵训练处处长兼重庆第三警备区司令，旋为胡宗南请到陆军军官学校第七分校任副主任，主任为胡氏自兼。盖以当时胡氏所部在全军校阅成绩低下，特聘邱清泉为之训练提高。

邱氏著作有《教战一集》《教战二集》《军队生活教育》《建军论丛》等。这些著作较之蒋百里的书，焦点似更集中于战术方面。

1943 年春，就任中国驻印军军长的郑洞国在上任前赴重庆告别，才知原来的人选是邱清泉。时邱清泉已经选好幕僚班底，准备赴任。不料军中大佬建言，说是他脾气暴躁，和美国人合作时怕他不买账，事到临头才忍痛将郑洞国来替换他。郑氏的脾气较为温和，但后来的事实是郑洞国被史迪威等人骂为白痴，反而留洋的廖耀湘等慢慢和美国人相处和谐。如果军委会不临阵换将，则邱氏以其独到的兵学修养，以及他的外文水准，可能更早和美国人打成浑融的一片。

他的兵学思想，无论治军、作战与训练，尤其战略战术之指挥运用，常有突出惊人的表现，此与留学德国，深受德国军事教育之影响与熏陶关系极大。

东征打陈炯明的时候，军校第二、三期学生及两个教导团组成校军，任粤军前锋。邱清泉任班长，对于造桥、筑城、安置炸药等工兵任务，贡献甚多；而对于实地经验与心得，收获亦大。

在昆明第五军期间，他的练兵方式大略是注重沙盘教育，图上作业、兵棋演习、半实兵演习、实兵演习，对士兵先授以步兵战斗技能，步战协同及营以下战术，然后再施以美式教育。

其基本战术思想，深受克劳塞维茨的影响，即使用无限暴力以歼灭敌人战斗力。他认为达到此一目的的方法，唯有机动力与火力综合的冲力。所以第五军参与抗日各战役，大都使用冲力的战法，而战术的细节，则根据实战经验不断改进。

至于他的指挥艺术，没有半点留学生的教条或僵化。他亲自编有战斗歌诀，供士兵记诵理解。譬如战斗口号：找敌人，瞄准打；向前进，死不退；不惊慌，不突围；硬打到底，三天成功。攻击：吃少打多，攻弱抵强，主动索敌，把握战场。

防御：三层火网，子母连环；立体三层，平面三层。上下掩护，内外策应。缩小正面，加大纵深。一堡三枪，交换射击。侧防反射，埋伏逆袭。沉着勇猛，硬打到底。子弹缺少，设法代替。三天苦战，马上胜利。

他尊重士兵的人格，关爱其生命，使全军产生一种团队精神。他与幕僚研究战法，改进战法，随时改进，使敌莫测高深。他善于把握战场心理，在一鼓作气攻城略地之前，或艰苦作战坚持最后五分钟之时，常枪笔并用，连夜振笔直书信札或文告，以激励士气，每使将士衷心感动，乐为效命。他选拔干部的唯一条件就是“能打仗”。

邱氏的无限火力的理论是他任幕僚时期酝酿的，一是军委会参谋时期，一是教导总队参谋长时期。吴佩孚投军时因瘦羸文弱未入选，仅充勤务兵；邱清泉等人较重视心身健全，注重军事体育。

新军人如邱清泉等，古书读得比前清的秀才还好。吴佩孚早年应登州府试，得中第五十七名，与常儿无异。邱清泉几次重要考试都是第一名。吴佩孚是穷秀才大烟抽上瘾，受家族之辱没才立志雪耻，较为个人化；邱清泉他们这一代军人，多为中山先生之信徒，也可看做新时代的秀才，是为人本而战，却从古书、西学，直到兵学，都向第一流的境界迈进。谁说秀才不能造反？中山先生道德理想的赓续，构成了军界新秀才们的精神内蕴，而和老秀才们葆有本质的不同。

与大学教授的交锋

邱清泉识大体顾大局，平日训勉僚属部曲，深忌军人干政，在其所著《建设现代国防应有之认识》一文中曾谓：“参谋总长纯为军事长官，在民主政治时代，彼固不可在政治上提出主张，更不可参预任何政治活动，而严格保持其军人身份，是乃应有之纪律与风度也。”又谓：“民主政治，政党斗争，时行纷乱，国防军纪避免干涉，以却怨尤。其有扰乱公安者，厥惟由团警任之。”故处理昆明学潮，邱先生虽系参与云南警备总司令部策划作业，但在其思想上是矛盾的，感情上是痛苦的。

民国前期的老参谋，时运不济、灰心感无力感降临，往往借助信奉怪力乱神；到了邱清泉这一代新军人，则除了清醒的头脑、卓越的胆识，尚有对民主精神的信奉、对游戏规则的遵守。有留学的教育背景毕竟不同，西方的普世价值对其人品及行为方式具有根底上的影响。他的参谋生涯不长，以后是自己给自己当参谋。他牢骚式的对国防部、参谋部的怀疑，乃是参谋生涯的延伸，正像恋爱中的嫉妒和怀疑一样,往往百发百中。他眼中的鬼影幢幢,亦丝毫不差，不幸而言中。

他处理昆明学潮事件，和旧军阀的颟顸做法确有不同，冷静、理性，且和教授里的头面人物直接对话，而能大体稳盘，这在板荡紊乱的局势中确需头脑和手腕。而他的手腕的心理背景，就来自于他做幕僚时的修养和知识储备。

1944 年在反攻龙陵之前，第五军驻于昆明郊外之北校场。为了回应大学教授的质询，他与西南联大众教授举行座谈会，闻一多、李公朴、冯友兰、杨西孟、潘光旦等参加。

当时西南联大民主思潮喷涌，言论尺度激烈。而国民党省党部形同虚设，对联大师生畏之如虎，不特不能对垒，甚至予以附和。邱清泉军书傍午，但他还是动了主动了解沟通的念头，乃决定由政治部副主任吴思珩和西南联大训导长查良钊先生接头，以邱军长出面邀请这几位教授参加座谈会，希望从座谈会中他们所发表的言论去了解他们的态度。当时基层中小县市党部的执行委员，不要说大学毕业生绝无仅有，就是高中毕业的人也很少。他们智识这样浅薄，要叫他们督促县长与左翼知识分子对话，擘画地方行政建设，自是不可能之事。由他们惹起的纠纷，也往往是鸡毛蒜皮低层次的笑料，一旦被人利用，小祸就变成大祸。所以像邱先生这样的高阶将领，还要在戎马倥偬的关头，拿出国学、西学的底子，来和社会的一部分人交锋，也真令人感慨不尽的了。

1944 年 10 月某日，座谈会在昆明北校场举行。军方除邱清泉、吴思珩，还有罗友伦、宋长治（当时为军法处长）共四人，教授有闻一多、冯友兰、杨西孟、潘光旦等。座谈会以邱清泉为主席，讨论题目为反攻问题。当时日军正在攻打衡阳。其间，杨西孟以经济学家身份谈财经问题，而以闻一多的质询最具力度。闻一多说，衡阳究竟可否守住？不能守，怎么办？日本将向何处延伸攻击？最后打到哪里？指名要邱清泉回答。邱说，这个问题涉及军事的机密性，但也不是不能回答，可以从研究的角度来观察。他坦率答复道：第一，衡阳守不住！当时衡阳是第二〇七师方先觉（此时是第十军军长，几个月后才以集团军副总司令的名义兼任新组建的青年军第二〇七师师长）防守。邱军长从日我双方装备实力等着眼，说明我方守不住的理由。第二，日寇当然继续前进。第三，根据军事地理分析，日寇继续前进以贵州之可能多于广西。第四，可能打到独山。（吴思珩：《昆明学潮退思录》）当时邱先生就军事观点逐项予以分析，事后情况发展，可知其料事如神，日寇自攻陷衡阳后，确实经广西一直打到独山。此不仅说明邱先生在军事上造诣之深，更可知其谋国之诚。

邱氏的这个回答，可以说用心良苦而目光如炬。其判断竟和稍后三四个月所发生的战事完全吻合！此不仅有他作为名将所储蓄的经验，也跟他参谋生涯打下的良好底子有关。

但这一下，闻一多就发飙了。他说："我们谈反攻问题还谈什么呢！老实说，今天政治、经济、社会各方面已经没有希望，都得重新改革；换句话说，就是要造反……眼下之事，一切必须推倒重来，进行全面的社会变革。"话说到这个份上，全场气氛像要爆炸一般，空气凝固，诸人皆恐慌以视。邱清泉始终保持冷静，并未愠怒。到了午宴时间，邀请教授们聚餐，罗友伦以军界年轻人身份向闻一多敬酒，请求说："闻先生，我敬你一杯酒，你刚才说得很对，今天我们青年必须走一条路。你是知名的学者，应该指导我们青年人，究竟我们应该走哪条路，请你告诉我们！"闻一多一时情急不知所措，欲发作而未能。最后不欢而散。

军人不应干政，但当时的省党部、青年团均畏缩裹足不前，邱清泉也只有自己奋力前驱。而他敢于和名教授当面对质而不怯场，根本在于他的学养底子。以二十五岁以前的国学根基而言，就算是和闻一多等人相较，也大抵持平或相去不远；只是后来为民前锋，更多的时间必须冲锋陷阵，或用于进修兵学。

其后，学潮爆发了，省党部的人眼睁睁看着，毫无还手的余地，直是望风披靡。这时，云南省府改组后，杜聿明即调东北，关麟征接任云南警备司令。关麟征坐了一部1945年最新吉普去西南联大慰问，未几他的新车即被推倒焚烧，一行人被打了出来。关氏也带了一排人护卫，因严令克制，才没惹大祸。

不久，李公朴、闻一多相继被刺，照理，部队政工人员都脱不了干系；但关麟征一肩挑起责任。他报告蒋先生一切由他负责，遂于1946年12月9日被停职，调陆军军官学校教育长，以霍揆彰接任云南警备司令。关氏对这件事很能勇于负责。

当然，李、闻之死，虽然第五军政治部曾对他们密切关注，但也仅限于关注——以邱清泉的修养，他根本没有出此手段的可能。因为以他的头脑足以应付，尚不至于以铁血手段对付。关于此事，吴思珩有条理清楚的辩证，可供参考：

“1946 年 1 月 13 日第五军奉命由昆明开往南京，徒步十数天经贵阳、长沙、岳阳，直到武昌才搭船往南京（三月初到达），中间在岳阳整训二星期。闻一多不是死在三十五年七月，他是死在三十五年元月，我们部队刚离开昆明，在贵阳时知道闻一多死，而李公朴则死在关麟征任内，当时我们还在昆明，而闻一多则死在霍揆彰任内。我们和陈毅、粟裕的遭遇是在三十五年五月。闻一多的死期记不太清楚，但李公朴的死期记得较清楚，当时人家都谈关麟征把‘黑名单’移交给霍揆彰执行的。第五师离开昆明时，在霍揆彰任内，我们还有一个师（第二〇〇师）留驻昆明，因为当时昆明情势还不稳。闻一多死绝不在七月，因为那时我们部队在贵阳时接到消息的。在贵阳街上当时还看到日本军队碰到我们满街行礼，部队三月中旬到达南京浦镇，我们的任务是卫戍南京。”（吴思珩：《昆明学潮退思录》）

吴先生此处记忆有误，闻一多确实是 1946 年 7 月 15 日遇刺，而非当年元旦。

1945 年，日本无条件投降之时，第五军驻扎在昆明，当时军长是邱清泉。抗战胜利伊始，中枢改组云南省政府邱先生奉命策划执行。他机智过人，兵不血刃，而将掌握云南政权十八年，表面服从中央，实际上拥兵自重的龙云解职。一夜之间，他不动声色，即将龙云部队武装解除；五日之内，逼龙云交出政权，顺利达成使命。

传统文化的底蕴培植

邱清泉1902年生于浙江温州一个耕读人家，八岁入私塾，诵读经史，十四岁入高等学堂，中文水平已窥门径。课余广泛涉猎经典，并用朱笔圈点眉批，以培养自己“尽忠国家，热爱民族的基本思想”。他在1922年考入上海社会大学，1924年考入黄埔军校第二期。1934年，国民政府选派一批青年军官到德国深造，邱清泉以考试第一名的资格，入柏林陆军大学；1937年5月回国，任教导大队参谋长，旋即参加南京保卫战。

他年轻时就学于文风甚盛之浙江省立第十中学，毕业后做了年余家庭教师，其间苦修经书典籍，积资赴沪就读上海大学，奠立深厚之国学基础。

邱国贤《怀念先父清泉公》谈到，1937年邱清泉从德国返乡，清明祭祖，带着七岁的邱国贤乘船至三十华里外的前河乡扫墓。小船在景色宜人的河道中游弋。他一路眺望两岸原野，似有无限眷恋。途中他取出一本《古文观止》，翻开《孟子》中的《梁惠王》篇，对国贤解说文意。他讲时引经据典，趣味极浓，七岁的小孩亦听得津津有味，讲解完毕，船亦到岸。这是他第一次给他的公子慈祥亲切的感受。

1941年春，邱国贤辗转至重庆与他父亲相见。当时邱清泉正经数次艰险战役后在陪都整训部队。相见后，他询问了国贤求学的经过，把小孩带至他的书房，指着一大堆德文书籍说：“你以后应当学读德文，你看这么多的外文书无人读不是太可惜吗？”国贤深知这些书都是他在德国时苦研的典籍，希望有人能继承他的学术研究。可惜他因事忙无法教，而国贤往后亦无缘专修德文。邱国贤回忆说："我在重庆读高中，父亲时常翻看我的作文，在文理通顺且能达意时，他总是予以赞美。我好象棋，棋力不差，有时与同乡或他的部属下棋，总是替我加油夸奖，意志高昂，可惜我同他经常相处的时间实在是太短暂了……三十二年秋，我就学于西南联大先修班，时父亲接掌陆军第五军，驻防昆明，常于军务倥偬之余，为我讲解课业，有时每至深夜。他的精力过人，兴之所至，往往不知天之将晓。我的天资不敏，要讲亦不知其所以然，但他从不因此责我，他曾说了一段令我难忘的话，他说，社会大致是公平的，不过有些人天赋高，少年得志；有些人毅力强，大器晚成；后者的成就往往更显得伟大。"

国学的底子，加深了邱清泉性格中务实、爽朗、直接、讲义气等成分。邱先生性格刚正，意志坚定，颇有传统士大夫的遗风。其谋国之诚，识见之远，足堪带兵将领之借鉴与参考。他的文学作品也葆有不能磨灭的价值。

邱清泉在滇西反攻作战返回昆明途中大有感慨，赋诗以见志："万里云山北望频，南天立马一劳人。邑多衰落伤农圃，路有饥寒耻重臣。生意哀怜驱羸马，道心消逝伴朱轮。烟村残野夕阳处，枉自风光画样新。"

他还有《征途过郓城》诗云："千里入荒城，又是匆匆别；宅第尽废墟，道路人踪绝；鸟雀绕枝头，蛇鼠出野穴；不知人意苦，但闻声哀咽。何处是青山，定多杜鹃血；入夜秋风起，云浮月明灭；鸿雁何悲鸣，征夫心胆裂；故园人岂知？天际愁肠结。"

其《仿古乐府有作》则云："十年水流东，十年水流西，水流无已时，人事成爪泥。春残花溅泪，暑去寒露凄；盛衰付烟云，得失笑虫鸡！孔门闻道死，庄生与物齐；各言志所取，身后互诃诋。是非无定论，荣辱不须迷。堂燕寻常人，暮鸦终古啼，不如倾斗酒，诗成和醉题。”

当中深蓄着人生的慨叹，郁怒与悲切激起情绪的跌宕，均颇能见其心中辛酸之块垒。

行伍记者张赣萍先生《军风纪杂谈——兼忆邱清泉将军的“胆大妄为”》中说，邱清泉有“邱疯子”之称。张先生写邱将军去南京开会，在下关火车站受到宪兵的干涉，因为他穿一套士兵制服，样样都不合风纪规定，亦无中将符号，再加上他那桀骜不驯的怪模怪样，手中还拿了一瓶威士忌酒，因此引起宪兵的查究。张先生以为这是一种吊儿郎当，实则不然：盖邱清泉本性不拘小节，旧书读得太多，有相当的名士气；从西方兵学大家那里，又得一种气质的习染，一些做派，颇类麦克阿瑟。胆气和学养，乃是他如此行事的凭依。

同为黄埔二期生，聂绀弩的自由化倾向和邱清泉如出一辙。林东海《文林廿八宿·师友风宜》（第79页：人民文学出版社，2007年版，）就记述聂翁不拘小节，经常穿着木拖鞋上班，端着茶与同事聊天。内心相当充实，底气很足的人方有此种表现。聂绀弩晚年，同事去看他，他会闭目养神，忽而蓦然做狮子吼。

从开头看到结局

徐蚌会战开了头，接连失利，尤其邱清泉不救黄伯韬，在各种电影、报告文学中成了一宗公案。对此，邱先生本人是怎么说的呢？

他召集师长开会说："老先生的信你们大家看一看，我邱清泉奋斗一生，却说我不想救友军。在中原会战以来，我老是救人，而人家（指黄伯韬）救不到人被围，却说我不救，人家不该死，我们该死！不过，不管怎样，对领袖我们没话讲。现在的情况，桃林岗还胶着在那里，现在弹尽粮绝，打榆厢铺是没办法了，但我们仍得设法救铁佛寺黄伯韬，如能达成任务，则可将功赎罪，如不能达成，我们都活不了命，现在你们意见怎样？"接下来，他的知其不可为而为之的策略是怎样的呢？还是选择逆境中幅度很大的迂回战，从正面撤退下来攻击对方后背。他麾下的师长周志道以为这是兵家大忌，弹尽粮绝、精疲力竭之际，首先是从正面撤不下来，其次夜间打迂回战更犯兵家之大忌。可是邱清泉说："我知道，今天的情势，身为军人，只有置之死地而后生，我们人困马乏，人家也疲困至极，谁能坚持到最后五分钟，谁能出奇制胜，谁就打胜仗，我决定今晚实行迂回战！"（吴思珩：《徐蚌会战的序幕》）

诚所谓受命于艰危之际。淮海战役期间，毛泽东的《敦促杜聿明等投降书》，抬头排在第二位的，便是邱清泉将军。可是，依邱清泉的脾气，他会理睬吗？他曾指着兵团司令李弥和副司令陈冰的鼻子大骂，指斥他们作战不力，到最后关头，还想以军事技术挽救毁灭的命运。陈毅的第一封劝降信，派军使送给杜聿明；邱清泉发现后，立即抢来烧了。不久，杜聿明又接到第二封劝降信，拿去征求邱清泉的意见。他看也不看，接过来撕成碎片。

黄伯韬的第七兵团，李弥的第十三兵团，孙元良的第十六兵团，黄维、胡琏的第十二兵团，都是装备精良的精锐部队，尤其是邱清泉的第二兵团，更是王牌中的王牌，全部美式装备，机械化程度极高。

这些部队在上蔡、确山、徐州、蚌埠直至郯城一线扇形布开。最后，除胡琏、李弥、孙元良等几个高级将领以及少数部队落荒而逃以外，其余，从剿总副总司令杜聿明起，黄维、文强、李汉萍、邱维达、杨伯涛……一干司令、军、师长被生擒，黄伯韬兵败自戕，邱清泉战至最后一人。据他的幕僚长李汉萍回忆，当时邱清泉已精神错乱，手提冲锋枪反复叫喊“共产党来了”，辗转乱跑。

邱清泉是内战局势逆转以后，态度最坚决、信心最坚定的将领。他数次向杜聿明拍胸脯要“包打”，直到黄伯韬全军覆灭后，他还认为徐蚌可守。环视宇内，则东北失陷，华北逆转，鲁北变色，徐蚌风云紧急。为了固守徐州，拱卫京畿，他坚持内线作战，守势机动，劳碌奔命。他是一员杰出的战将，处处以军事观点和局部形势为着眼点，殊不知时移世易，纯军事观点和局部安排不能单独存在。

在最后关头，他也发牢骚：“我真不明白，总统只知写手令、打电报，战场实际情况，他老人家全不清楚。”

他骂杂牌：“我早就说过，杂牌军靠不住，越多越是祸害，关键时刻就倒戈，真他妈的害人精！”事实也确如此，若非吴化文、刘振三、张克侠、廖运周等军头在紧要关头拉开口子倒戈，即使徐州突围决策欠妥，也有希望全师而退，倘能顺利转进淮北，至少可以保住江南半壁江山。

至于邱清泉骄悍的原因，当时杜聿明还未到任，他是以副司令代司令官的。邱清泉在当时，有人说他是骄兵悍将，他的骄悍确是有名的，然而他也说国防部的命令不能听，一听就打败仗，正好陷入圈套。他尝谓：“国防部的命令未到手，副本早送给陈毅了，我们还打什么？”这是开玩笑，但事后也印证了，第五纵队假借最高统帅的名义把徐蚌前线五十多万将士驱赶到了绝境。将在外君命有所不受，他认为军人乃以打胜仗为目的，战场情势瞬息万变，必须因时制宜，墨守陈规如何能打胜仗？说他骄悍则可，说他不忠则不可。他是他们校长的忠实信徒，他在砀山就任第二兵团副司令时，有一段誓词是他自己拟的："总理在天之灵，使我们作为委员长的学生，如果不服从命令，则雷打火烧，天诛地灭！"他颇有尽忠于疆场的决心。

邱清泉说，杂牌都是害人精，虽属情绪化语言，不可谓不经典。盖民国几十年，并没有真正的统一，日本打来了，造成的是虚假的团结、虚飘的组合，一旦战后重新面对乱麻一团的国事，种种矛盾忽然都到眼前。军阀对蒋先生的投靠，大多是一时的利害选择。时过境迁，或者合作投靠的过程中，还有许多的不满和怨尤，造成离心离德。

智深勇沉、文经武纬的烈士气质

1942 年，第五军在昆明近郊老侯街集训。张滋绪当时是训练班教官,有人推荐他到第五军任参谋处长。当时他想:邱军长雄才大略，满腹经纶，自恃很高，靠背也硬，恐怕难得伺候吧？

结果呢，他竟和邱清泉相处和谐，并亲身感受其人格的伟岸。当时第五军参加缅甸战役回国以后，部队急待整顿，不幸军中有一股赌风。因为抗战时期，生活艰苦，有的人兼营副业，以维持生活。像张滋绪这样没有裙带关系和背景的人，只有滴自己的汗，以勤补拙，埋头苦干，不顾一切。当时他编了一本《参谋业务十讲》，利用处务会议时，同参谋讲述，此所谓在职训练，一分耕耘一分收获。全处十分团结，指挥自如，幕僚们如同兄弟手足。处下分为四个科，第一科主管作战，第二科主管情报，第三科主管后勤，第四科主管人事。全处幕僚连同士兵，约六十余人；还有一些新进的待命人员，军长一律先批交参谋处服务，待机派往部队。邱先生认为其所论列，多洞中窍要，深切时弊，故对之甚为赞赏，以至公开褒奖。

所以张滋绪深有感触地写道：“军长邱雨庵公，是了不起的指挥官，军校二期，德国陆军大学毕业，为人爽直痛快，颇富感情，具有大将之风。我同军长邱公，在业务上配合得很好，他具有德国军官干脆的精神，做事不拖泥带水，而我有一股壮年的干劲。记得他对半实地演习、沙盘演习、小部队作战等，指导演习时头头是道，经常熬夜讲授，他把手叉腰，不看讲义，假设多种情况，嘱部属当场作答。他对军事学小部队作战诸原则，可以称得上滚瓜烂熟，还送了我许多参考书，部队干部，莫不敬佩。”（张绪滋：《难忘邱雨庵军长——第五军往事》）

邱先生的爽直痛快，颇富感情，在危难关头，最见英雄气质的盖世担当。

南京屠城已经开始，他让桂永清先走。总队长桂永清命令烧毁文件及抛弃辎重，然后招呼参谋长邱清泉一起走。邱清泉站着处理文件，冷静地说：“你先走吧，我暂留下，再和各团营通话，研究撤退的办法。”教导总队已是战斗到最后的部队，他又是最后的殿后。

参谋刘庸诚烧完地图后，邱清泉对他说：“你受过伤，先走吧。”这时，地下室内，只剩下邱清泉和他的两名卫士了。暗淡的光线中，只有他的烟头在一闪一闪地发光。

徐蚌被围，10月中旬他在徐州花园出席军事会议，当场反驳郭汝瑰别有用心的布置筹划。谣诼忽起，风鹤频惊，战场骚然。他预感祸机即将来临。回到兵团部，看到政治部主任吴思珩坐在角落里，他即朗声喊道："吴思珩，我看你给我下去好了，跟我这么多年，何必白白跟我在这里牺牲！"吴氏答道："报告司令官，我是政治部主任，作战时不在职位是要枪毙的，怎能下去？"邱先生说："不要紧，我下手令派你去南京。"（《吴思珩先生访问纪录》）10月30日，吴思珩以去南京领每人两银元的黄泛区会战的犒赏金，离开战场。他走后的第一二天，津浦路就断了，若迟一二天就无法到京，他就是这样下来的。在南京领了二十五万银元，装成五十大箱，但已经无法投送战场。

英雄气质具体表现为烈士心结或烈士情怀。邱清泉雄霸之气，相对于廖耀湘、孙立人、张灵甫等同样高学历的指挥官的英挺或优容之气质，则更显突出。虽然，此种雄霸其基础均出于学术垫底的儒雅气息。患难忧虞之际，正见其胸怀之广大，以耿耿精忠之菩萨心肠，献之骨岳血渊之间，义无反顾，述往事，思来者，实在不能不馨香崇拜之矣！胡林翼尝谓"兵事为儒学之至精，非寻常士流所能及也"，在他们这一代人身上体现得元气淋漓。但在历史的时段中衡量，却不幸只是昙花一现。

圣人欲做超级幕僚

1923年，吴佩孚五十岁，在直奉战争中击败张作霖的奉系军队，被委任为直鲁豫三省巡阅副使，驻在洛阳。康有为贺吴佩孚寿联云：

牧野鹰扬，百世功名才半纪；洛阳虎视，八方风雨会中州。

那个气势是饱满拔节地烘托起来了，沧海横流，豪杰出世，雄才大略，鹰扬虎视，极言宇内大才，超尘拔俗的宏大气魄。正因为联语极佳，被人窥破其中阿谀奉承的机关，坊间讥刺为“傍友”，犹今之傍大款的傍，吊膀子式的傍，其惶惶奔走，寻求依傍的心理昭然若揭。

他看中了吴佩孚的赫赫武功，看中了他也是秀才出身，看中了他也有复古思想。他自居文圣，想把武圣的尊号献给吴佩孚。但吴氏对之尊而不亲，使其失望而去。

当时有实力的是曹锟，曹氏的左右，没有一个人喜欢吴佩孚，他在洛阳的计划,外边的传说与他实际的作为并不尽同。对所谓“武力统一全国”，隐然知其不可，当时醉心武力统一的并非吴佩孚本人，反而是反对他或拥护他的人，前者藉此对他攻讦加罪，后者藉此谋利取势。除了康有为，另有汪兆铭、张謇、章炳麟、徐绍桢、张继等形形色色的知名之士，或者亲到洛阳，或者函电飞驰，目的非常明确，而收获甚少。其间如康有为、章炳麟表现异乎寻常的热诚，康有为讲四维八德，发扬传统文化，以为和吴佩孚主张所吻合，期得采用。吴佩孚大概感到，横柴入灶，团结无望；勉力从之，则可能产生技术性阻绝，导致未战先输。所以他对他们表面上很尊敬，实际轻视，只是虚与委蛇而已。

康有为行为颟顸。1924 年，在西北，逗留西安期间，督军刘镇华待为上宾。赠送上等皮袍，他又说冷，要买狐皮袍子，刘也应之。他给刘镇华赠送一联，捧场之病依旧。联曰：华为五岳首，海纳百川流。依然老脸老皮，不顾社会反应，先把实力人物捧到极顶再说。以一并不高明的幕僚之才，而欲栖身教主地位，时势不作美，前途每况愈下的局面之下，其猴急抓狂的心理真是不堪得很。

陕省收藏家，慕名请其鉴定文物，康氏来者不拒，多据为己有。又有请看古钱的，他便向袖子里面一藏，据为己有，那人再三说是传家之物，情愿送他一枚，请把其余退还，康氏顾左右而言他，装作没有听见走了。他又顺手牵羊拿走卧龙寺所藏经卷，被绅士李汉青等告上法庭，将经卷截回，康氏恼羞成怒，向刘镇华要求赔偿一百万元，并以家藏图书要求西北大学购买，索钱；甚至要求刘镇华私人投资作其办《不忍》杂志的股本，聘请其门人张某为西北大学教授做交换……（高拜石：《古春风楼琐记》，卷二，第 86 页）

穷途末路时分，他的本色，现出原形，简直是不管不顾的撒赖耍赖。

戊戌变法的失败，与改良派失策有关，康梁作为光绪皇帝事实上的幕僚，想当教主，而性格一根筋，操作更是笨伯，一意孤行，那就有好看的了。

他早先反对、或者瞧不起辛亥志士的铁血手段，所以在变法危机关头，首先想到的是袁世凯，“乃属谭复生入袁世凯所寓，说袁勤王，率死士数百挟上登午门而杀荣禄，除旧党”。（《康南海自编年谱》）殊不知袁世凯是个势利小人，比他更鬼，光绪皇帝在得到康有为的暗示之后，嘱托袁世凯：朝廷一旦有“意外之变”，他就即刻带兵进京。

唐德刚说：其实戊戌变法的中心人物还是光绪皇帝。康有为只是他看中的一个变法顾问而已。但是康派之毕其功于一役的过激作风，却颇能说服那急于求治的年轻皇帝。皇帝既有过激倾向，乃激起保守派和投机派的联合阵线的反击。而康派的教条主义和过激作风，也拒斥了开明而强大的中间派。开明派和中间派靠边站，剩下的过激派和顽固派两极分化，势均力敌，就短兵相接了。在这两派较劲之时，过激派也就是所谓帝党吧！原是个纸老虎、空架子。一旦临阵交锋，其结果如何？就不言可知了。

戊戌变法后，中山先生对康梁一是设法营救，二是在日本为其生存发展创造条件，将所办学校依其意愿改为大同学校，以梁启超为校长，听其办理，然而康梁的手下还不大领情呢。

此后，中山先生命日本志士宫崎寅藏带三万元到新加坡，劝康有为合作，反被康有为向新加坡英政府指为刺客，将宫崎逮捕。

严复对维新运动寄予深切的同情，但也对其鲁莽酝酿有所批评，“平心而论，中国时局果使不可挽回，未必非对山等之罪过也。轻举妄动，虑事不周，上负其君，下累其友，康梁辈虽喙三尺，未由解此十六字考注语。”（《与张元济书》）康有为等人不能辞其咎。

辛亥之际，他给黄兴写信，建议采取虚君共和制，以孔子的后裔假以皇冠，为一种荣誉及象征，实际政柄则操之责任内阁。

康有为当戊戌变法时期，为事实上的总策划，清廷坍塌，犹不死心，和张勋共谋复辟，当了十二天的弼德院副院长。虽说他毕生抱有教皇心态，但在时运不济的情况下，充当实力人物的头号幕僚，也是他至死不移的嗜好。这种嗜好上瘾之深，简直身不由己，并且不惧所托非人。张勋复辟，他出力最多。张勋早年任江南提督，武昌起义后，率部企图顽抗，败后退驻徐州一带。其人及所部均留发辫，人称“辫帅”，所部称“辫子军”。1917 年 6 月，他以调解府院之争为名，率兵入京，解散国会，赶走黎元洪，7 月 1 日与康有为拥溥仪复辟。至 12 日为段祺瑞击败，逃入荷兰使馆，被通缉。张勋复辟，也促使康、梁彻底分家。

张勋复辟将尊孔和独裁专制进一步联络加强之，其中康有为跳得最欢，他们不长进的行为，导致儒家学说不幸成为民主的对立面。在激进的知识阶层眼里，儒学日益与专制愚昧相重叠，成为中国进步的主要障碍物。萧公权说康有为“在 19 世纪走在知识界之前，而在 20 世纪时远落后于当时的知识界”,“康氏自己或许在不知不觉中，不断地造成儒学的式微。在戊戌前夕，他勇敢地将儒学与专制分离；然而在政变之后，他以保皇会首领自居，自戊戌至辛亥，反对共和而主君主立宪；复于民国六年（1917 年）以及十二年（1923 年）两度参与复辟，使他的形象与帝制认同，因而被许多人视为民国之敌。”实在是见道之论。

张勋死了，康有为没事儿。到了 1925 年，他又主张拥立溥仪为皇帝，依然时刻梦想依托实力人物干一番事业，博取功名富贵，亟思有所表现。

《清史稿》将他与张大辫子合为一传，放在殿尾的一卷，也算大有深意的。

康有为倒是不愿放弃他的独立性，那个混沌的社会，倒也很好地保持了他的“独立性”，没有人做他的思想工作，或者改造他的思想，倒是他当仁不让，力图给国人或强梁灌输他的思想、他的意愿。

这较之后世那些被迫一步步放弃独立性，一步步走向污秽泥潭的知识分子，佛也救不得，他康圣人，倒不失为命好！

当幕僚的出主意，力求实施，荒不择路，饥不择食，所凭者，三寸不烂之莲花舌，一大肚皮之馊主意。他在技术上甚至没有徐树铮、杨永泰那些人的头脑，也没有王士珍、饶汉祥的胸怀，而欲成事，直是拿他人作牺牲，根源就是他的当教主的思路根深蒂固。这样的人，搞儒教，儒教很难看；搞民主，民主走样子；搞立宪，立宪变成交换。

对自身提出的主义，孙中山是功不必自我成；康有为是非由我成不可。即使是他人的思想，康氏也很愿意插上一脚。他的实践，因霸王硬上弓而瘸腿，但他却乐此不疲。

较之孙中山、谭嗣同，甚至梁启超等人，康有为既不是颈血溅诸侯的英雄，也不是上下其手娴熟裕如的政客，他就是一个活脱脱的大俗人，就是一个名利熏心的好货之人。作为一个大学者，他又独有一份盲动的愚昧，这愚昧常常是深不见底。

过度的雄心会忽略物质的攫取。唐德刚先生论袁世凯，说他既无玩物丧志的恶习，也不收藏什么古董字画，品箫吹笛，风流自赏；

平生所好，唯抓权秉政，纵横捭阖，是一个不折不扣的政治动物。

这并非什么品质，而是用志过分转凝，其他相对忽略，顾不上也。大凡一个目标固守、心有所寄的野心家，往往对物质利益视而不见，但康有为是一个例外，与其说他对哲学感兴趣，不如说他对物质情有独钟；与其说他对权力感兴趣，不如说他对精神操控念兹在兹。多货伤德，趋利之人，常为朋比，同其私也。东食西宿，一样不落。他的信徒唐才常、秦力山发动起义之际，他的手里捏着大把的资金，他紧紧地捏着，拒不交付使用，使人寒心。

与康有为同时，章太炎脾气巨大，表现为暴躁；刘师培的脾气很拽，如不合其意，则表现为叛变；康有为脾气也甚滂湃，表现为偏执尖锐。章太炎不合他意，就骂人家“满朝都是魏忠贤”，意为天下只有他一个好人。康有为道不行，就更加好货，这是不是一种补偿心理呢?

包括戊戌变法在内的许多社会变革，康氏的性格因素使其希望变得更加渺茫。这是性格的细枝末节影响大事的例证。

他梦寐都想栖身圣贤之列。他的《大同书》“大地万国之人类皆吾同胞”，悬鹄不可谓不高。中年时期，1895 年秋，他到南京找张之洞，要求赞助强学会的南方分会，张氏待之为上宾，但康氏拒绝任何一点张氏提出的修改意见，他绝不做学术人格上的半点让步。结果张氏竟收回原先赞助他的打算。

辜鸿铭算一保守人士，但辜氏对康有为也颇有看法。辜氏在张之洞的幕中为英文秘书，他评价康有为说，“自私自利而具野心，但又缺乏经验、判断力和方向。”（萧公权：《近代中国与新世界》，第 20 页）

自视甚高，愈加专断，不能容忍旁人意见，且将他人思想认为太寻常，太无价值。钱穆也说康有为是一“领袖欲至高之人”（《中国近三百年学术史》）。

以学术、学问、想法影响社会，中国士子历来有之，至康梁更甚。学问影响社会，必有一定途径，通常是通过影响社会实力人物，最高当然是影响皇帝，在清末皇权崩溃，大大小小的军阀强人，就是微缩了的大小皇帝。但在康有为，只要是他想出来的念头，任何人不能动摇，自信到自夸，到幻想，到以幻为真。他的自编年谱，说他少年时就“慷慨有远志”，他的慷慨，削弱于他的好货嗜利，他的远志，则受阻于他的贪鄙固执。

“生下来就是参谋长的料”

——蒋百里的参谋生涯

神机妙算与科学眼光

1937年“八一三”战事起来后，蒋百里正处于代理陆军大学校长时期。当时部队撤离上海，他也到了南京。蒋介石一见面就急切地问，此次中日战争，英美会否卷入旋涡？百里答：可能，也许是时间问题。又问：如果英美卷入，最后胜利究竟属谁呢？百里郑重回答：不敢说得太远，在最近二三十年内，西方民主国最后是不会失败的。（陶菊隐：《蒋百里传》，第163页：中华书局）

百里这个大方向的判断，对蒋介石大战略的拟定，无疑具有深刻的影响。幕僚参赞戎机，在于以宏观的眼光，对全局战略实施大处着眼的把握。

这在当时，要作出如此的判断，委实并非易事。首先要对各国政体的优势具有人文尖端的认识，而这在当时，相当一些人士还处于懵里懵懂状态；其次要对各国武器、战力、军队训练、精神状态的细微差别体察入微，再次还须对时代潮流有清醒的洞察。也即作如此判断的人，一者必须见多识广，二者尚需对对人文、科技等的情势有所综合把握。

蒋介石如此问询蒋百里，说明蒋介石的内心，也是忐忑游移不大吃得准的。

事实也是如此，当时很多汉奸集团急迫倒向日本，除了利令智昏，其心理背景就是他们的判断错误。抗战初期，以及太平洋战争初期，战事的进展，种种事实，还并不足以支持蒋百里的判断，因为一直到抗战末期，日本还打到贵州独山，企图包围陪都重庆；而麦克阿瑟将军在丹巴受挫时，竟创造了美军历史上将士被俘的最高纪录……

所以作出蒋百里式的判断，不特需要眼光，还需要胆量，甚至措辞——时间与范畴的限制词。自然，最后的结局，与其判断，丝毫不差。

曹聚仁记蒋百里。说是1932年2月1日，他和百里在上海法租界的一家咖啡厅喝茶。百里手持一张上海《每日新闻》。他就对曹聚仁等人说，六天以后，即七日早晨，日军要有一个师团到达上海了。怎么得知的呢？他并无内部消息或其他特殊途径。他指着他正看的报纸上的一条电讯，那简短的电讯说日本陆军大臣杉山元昨天晋谒天皇。蒋百里说这就是报告出兵的意思。以日本的运输能力，以及由长崎到上海的水程，估计七日早上，可运来一个师团。

曹聚仁吃惊不小，因为七号早上，日军的第九师团，果然到了上海，参加作战了。曹先生不由得对百里的高明赞叹不已。（曹聚仁：《采访外纪》，第222-225页）

依照一条寻常新闻，推断日本即将出兵，这是判断的第一环节，下此判断，必须对日本战时行政体制有深入了解；他又从运输、交通、运量，推断出发来军队的数量，这是第二环节，这要求对当时军队的后勤补给有深入体察，怪不得曹聚仁要由衷佩服了。蒋百里对部属或参谋常说要增加常识的涵养和保有量，参谋学的根本真意在哪里？也可说卑之无甚高论，就是常识非常重要，它是分析判断的材料库，也是养成识别眼光的大本营。

蒋百里不幸于抗战初发期间病逝，此前他对蒋介石的看法也颇值得参考——因为蒋介石后来的作为天衣无缝地吻合其判断的轨辙。他说：全国的大军人，我几乎无一不认识。论到紧要关头，快刀斩乱麻，当机立断，我觉得在全国人物中，无有能出蒋（介石）之右者。他有今天的成功，绝非偶然，今后就要看他对全局的规划怎么样了……尤其是成功者容易为自己的成功历史所支配，蒋氏以黄埔建军得到北伐成功的，假使他用黄埔生用到超过了他们的能力，我便很为他担心。

蒋百里生于浙江海宁，少年时期读《普天忠愤集》，竟痛苦难遏，以至哭出声来。他到桐乡拜访亲友，认识了县令方雨亭，方氏是方声洞、方声涛之父。方先生对他的文章大加赞赏。百里祖父建有“别下斋”藏书楼，积书达十万余册。1901 年，蒋百里东渡扶桑，入日本陆军士官学校，与蔡锷、张孝准被誉为“中国士官三杰”，入学第二年创办《浙江潮》，鼓吹民主革命。1906 年，赵尔巽视蒋百里为特异人才，聘其为东三省督练公所总参议，参与筹建新军，那时他才二十四岁。张作霖等因地方观念对其排挤，百里遂赴德国学习军事，曾在兴登堡将军麾下任连长，受其揄扬而声名大噪。

曹聚仁以为蒋百里本人很像达·芬奇，是那种根本意义上的才华横溢，“百里先生也正是这样一种人物，一生既为军事学家，又为政论家，也擅长文史研究，诗词都不错，字也写得很好，说话滔滔不绝，风趣横溢。”

现代文学史上大名鼎鼎的文学研究会于1921年年初在北京发起成立，他们认为文学绝非消遣品，也反对把文学作为个人发泄牢骚的工具，主张文学为人生。最早发起人郑振铎、沈雁冰、叶绍钧、许地山、王统照、耿济之、郭绍虞、周作人、孙伏园、朱希祖、瞿世英……也有蒋百里在其中。

他因蔡锷之介，结识梁启超，他不但做无数大人物的军事幕僚，也做大文人的幕僚。曾随梁启超访欧,成为梁氏得力助手,号称智囊。梁启超做了段祺瑞的财政总长，1918年年底，作欧洲大陆壮游，他带着政、经、军事方面的随员，有蒋百里、丁文江、张君励、刘崇杰等。这是梁氏初次到欧,仿佛刘姥姥初进大观园,他对欧洲的政治、经济、文化、历史、艺术无一不感到惊奇，他懂得日文，但于西文则是门外汉，蒋百里擅长日、德文字，通英、法文，梁氏依之如左右手。次年回国，著有《欧洲文艺复兴史》约五万言，由梁启超作序。梁下笔不能自制，一篇序言竟也写了五万字，与原书字数相等。只好单独成书，就是《清代学术概论》，反过来又请蒋百里为该书作了序言。这一文坛趣事虽不能说是绝后，却属空前未有。

该书导言尝谓:“文艺复兴，实为人类精神界之春雷。一震之下，万卉齐开……综合其繁变纷纭之结果，则有二事可以扼其纲；一曰人之发见；二曰世界之发见……”不管是军事的谋略贡献，还是文艺的参酌见解，均可谓大气郁勃。1938年百里病逝后，章士钊挽诗有云：“……谈兵稍带儒酸气，入世偏留狷介风。名近士元身得老，论同景略遇终穷。”以酸腐来概括蒋百里精神事功，这个论调不大不沾边；也可见章氏小人作风的根深蒂固了。

百里去世后，国民政府的褒扬令说："军事委员会顾问兼代理陆军大学校长蒋方震，精研兵法，著述众富。比年入参戎幕，讦谟擘划，多所匡扶。方冀培育英才，用纾国难，不幸积劳病逝，轸悼良深。应于特令褒扬，追赠陆军上将。"特别强调他参预戎幕这个关键。他曾先后被段祺瑞、袁世凯、黎元洪、吴佩孚、孙传芳、唐生智、蒋介石等军政首脑聘为参谋长或顾问。被誉为军事思想家和军史学家、军事战略家、兵学泰斗。

帮不了不成器的东西

冯玉祥邀请蒋百里讲课，欲聘其为参谋长，但交浅言深，话不投机。

孙传芳则是他士官生时代的老同学。

吴佩孚盘踞两湖、河南、河北等地，孙传芳保有江南五省。北洋军阀本来就是颠三倒四的滥队伍，但他们因偶然的形式而膨胀，反将国民革命军的历次北伐，视为乌合之众，意甚轻蔑。孰料北伐军兵锋所向，势如破竹，克长沙、过汨罗江、占贺胜桥，直逼武汉，不到两个月的时间就横扫两湖，武汉形势危急，吴佩孚只得仓皇率直系军南下。

北伐军进攻吴佩孚时，对南京的孙传芳则争取其中立。其时蒋百里正于孙传芳军中任幕僚，孙氏问计于蒋百里。百里提出三策：上策为出兵长沙，腰击北伐军；中策待蒋（介石）、吴两军相争于武汉以南，两败俱伤之际，出兵占武汉；下策将主力向江西布防，以逸待劳，寻机出击。孙传芳取了下策，一面与北伐军讲和，一面将其二十万大军分五路布防于江西、福建。第一路以邓如琢为总司令，驻南昌一带；第二路以郑俊彦为总司令，驻防南浔路南段；第三路由卢香亭任总司令，驻南浔路中段的德安、涂家铺、武宁一带；第四路以周荫人为总司令，驻福建；第五路以陈调元为总司令，驻武穴、富池口、石灰窑。到了8月底，国民革命军攻下岳州，孙传芳始感形势严重，遂召集五省联军将领会议，决定兵分四路入赣，协同邓如琢与北伐军在江西决战；并令周荫人陈兵闽、粤边，扰乱北伐军的后方。

蒋百里的思想和趣味

蒋百里先生在20世纪30年代后期，曾说南京市的一切新表现，可谓之建筑，不得谓之建设。诚为影响社会舆情的热点言论。他对社会的观察，真可谓一语中的。当时的交通、铁道等部门，建造钢筋水泥的宫殿式衙门，内外都有科学的设备，东西合璧的美术装饰，很是吸引观瞻，但是耗资甚巨，对国计民生却并无补益。所以，蒋百里的观点形象而深刻，指出传统行政方式的弊端，以及国民性所造成的不上轨道的行政。

北伐时期，很多有识之士主张蒋百里任国民革命军的总参谋长，学历和名望都很相称。他不以为然。说是刚刚当过吴佩孚的参谋长，又到北伐军任同样职务，外面会有流言飞语。恰巧在这时，孙传芳也想请他任五省联军总参谋长。百里暗自好笑。心想，这里是参谋长，那里也是参谋长，绕来绕去都是参谋长，好像我生下来就是参谋长的材料。

他因为推辞，就推荐了丁文江，丁又推荐了陈陶遗，丁氏自己接受孙传芳的淞沪市政督办。

蒋百里是行动稳健的军事家和学术家。他建立现代化国防的思想始终不移。

他的学生唐生智是一个反复无常的家伙，北伐时投效国民革命军。未几宁汉分裂，唐氏从中作梗，一度失却兵权。1930年代初期，唐氏又起兵反蒋，希图坐大，密询于蒋百里，百里电曰“东不如西”，劝其仿照左宗棠，往西北发展，其间有军事地理的考量在内，而唐生智自诩精明，不愿放弃东南膏腴之地，自未能体会百里的用心，联合许多杂牌军将领，通电逼蒋介石下野，蒋介石大怒，命人查抄唐生智驻沪总部，随后又搜查蒋百里住宅，搜获无线电台、密码本及给唐生智电稿。蒋先生以为诸人联手对付他，遂命将蒋百里软禁之。

百里因为唐生智反蒋的关系，短期被软禁在杭州西湖。他就对他的两个女儿，讲述《水浒传》《三国演义》《西游记》，讲到武松打虎那一段，他就趴在地下扮演老虎，教两个女儿怎样扑打和闪避。他说，赤壁之战的借东风是天文学，木牛流马是机械学，后者他自己也会造，是利用四川凸凹不平的地形发明的，利用下坡的力量上拔，木牛流马在平地则不可行。他对八阵图也很有研究。

他阅读伏尔泰、康德的著作，也向两个女儿讲解，但她们听来味同嚼蜡，于是，百里指着他挂在墙上的康德像，说：你们看，他的脑子多么大啊！

这趣味的教育方式中，也可见得他对抽象推理智慧的推崇。

百里手不释卷，偶有无书可读的时候，也要翻阅一下毫不相干的书籍，他以为总比不看书好受。

说到他对本国史的见解，他以为，中国自古以来就有极其丰富的民主思想。古代未进化到选举制度，就有传贤不传子的作风。所谓国人皆曰贤而用之，就是尊重民意的具体实践。其后君权渐甚，仍有诤友诤臣，战国时期不乏婉言讽谏的辩士。后来，秦始皇统一了中国，才进入了君主独裁的时期。

20 世纪 30 年代以后，陶菊隐常在南京和他来往。蒋百里感慨说世界的变迁真如电光流火。他说过去是平面战争，今后将迅速演变为立体战争，险要战区将从高山移到平原。他对经济认识也很精警，他认为仅对内节流而不开其源，将打破收支平衡，引发的经济危机难以弥补。

他是陆军士官出身，但他感于战局的发展，第一建议就是要以迅速有效的方法，必须赶快发展空军，否则就万万赶不及了。此前，大气而睿智的孙中山先生，就有建立空军的思想，发表航空救国的言论，百里考察英、德、法、意四国的空军都是独立的，美国那时还稍落后一步，使陆军指挥空军，就没有德国独立空军行动迅速的强大威力。他又比较了意大利杜黑将军有名的制空论，为德国所用大行其道，这些事例很说明问题。

陶菊隐先生说，当时倡导空军独立的理论，以陆军出身的百里为第一人。他给军事委员会的呈文中，有“勇者受勋，能者在位”之说，陶菊隐极为欣赏，以为乃点睛之笔。他主张以荣誉酬军功，而不以位置为酬庸之典，都是非常高明的见解。他在意大利考察时，受意军参谋总长巴格格里奥的招待，到那波利观摩大规模的航空演习。他的呈文中对空军补给及现代化也有详尽说明。他的这些思想，早在日本留学时期就和同学蔡锷交流过且有相当合拍的意见。

现代火力与速度

抗战前，提倡精研日本的社会、军事、政治，以期回答中国对日抗战如何打赢这个题目，并完成专业的对日作战方略。百里先生以为，对日作战，不论打到什么天地，穷尽输光不要紧，最终底牌就是不要向日寇妥协，最后胜利定是我们的。若不相信，可以睁眼看着，我们都会看见的，除非你是个短命鬼。所以他的《抗战的基本观念》等文，驳斥了速胜论和速败论。他说，唯有长期抗战，才能把日本拖垮。他说,胜也罢,败也罢,就是不要同他（日本）讲和!

蒋百里的现代国防心曲确实包含了他锐利的感觉和预测。他的言论发表十余年后，日本坦克、重炮战车狼奔豕突，攻破南京……

1940 年 5 月起,德军 A 集团军群的坦克师旋风般攻破法国防线,“进军时由四个大型摩托化部队支援、掩护，俯冲轰炸机轮番配合攻击，摧毁文明的铁路线，瘫痪了文明的交通。”（戴高乐：《战争回忆录》）并迅速将法军北线部队和中部部队拦腰切断。

在高度机械化的产业工人组成的德军打击下，英法联军不堪一击……随后就是军史上有名的敦刻尔克大溃败，德军元帅戈林更说他的空军要将此地变成火海。自北部防线被突破后，德军打到巴黎，仅用了八天时间。

戴高乐认为，法国腐朽高官尔虞我诈，对现代战争全无认识。他们还在墨守一战时期堑壕战的陈腐观念。法国有最庞大的陆军，但经不起立体化的火力强攻。

对日本机械化部队的反攻打击，到了二战末期，尼米兹、麦克阿瑟、李梅的部队以更加强大的火力进行报复。

时至今日的智能机械化、电子机械化、高端电子化，其实也是机械化的无限延伸。所有这些，证明蒋百里先生眼光的高迈。

一战时期意大利米兰师参谋长杜黑，提出绝对制空权的思想，认为空军将在以后的战争中起决定性作用。

蒋百里的战略思想，当时像他那样强调制空权确实是少见的卓识，因为像现在21世纪初战争的特点最重要的也是使用高精度武器，保持制空权的优势，夺取和保持制空权就是当前和不远将来的常规战特点。而在当时蒋百里除了电子战这一类型在当时实难预见以外，关于制空权的强调，确实是推到了极重要的高度，眼光不知比当时的战略家高多少倍。试看今人编撰的地方史，各地的论师说到他那地方的地位，没有一个不是说兵家必争之地。当李梅、尼米兹、麦克阿瑟的战机在1945年3月至9月，向日本本土实施毁灭性轰炸的时候，什么兵家必争之地都是枉然。又据美国《空军》杂志报道，21世纪，轰炸机将实现作战半径、载弹量与网络传感系统的融合，从而大幅提升空军未来远程打击能力。历史表明，作战半径和载弹量素来是轰炸机研制的重中之重。将来十年内，轰炸机将会重新成为主导战场态势的决定性力量，新一代轰炸机将葆有打破一切战略纵深的强大威慑力量。

也是文坛外高手

四川旧时猛人杨森，我们在回忆录或文史评论文字中落实定位了他的形象，行事过分而颟顸好货。及至观其本人著述，却不免有错愕之感。

《传记文学》1960年代中期刊出其回忆文字多篇，但见文笔极佳，文字训练有素，概括力强，表情达意一如意中所欲出。词汇采择似随意而实雅峻经心，而不乏幽默的活力机趣。各单篇回忆，俱有内在联系，个人生活，军戎交涉，开掘很深，其文总体更有一种不显山不露水却很能持久的戏谑风味，得四川民间冷幽默之真髓，以极有内在传统芬芳的文字组织出之，尺度恰当，不枝不蔓，真所谓个性化写作，见之于“文坛外高手”。

刘绍唐先生主持的《传记文学》，史学家唐德刚先生谓其“以一人而敌一国”，即其功德与全国政协的“文史资料”数百册相埒。他这杂志几十年来，本来意在为历史立此存照，不料文史毕竟不分家，大有意外收获，涌现很多名篇。诸多当年的大佬写得一手好文章，竟不是我们今日“全国知名作家”所可望其项背的。

一般左翼说杨森有多个老婆，比之张宗昌，实拟于不伦。张氏，莽夫也，头脑“拎勿清”；杨氏，雅人也，文字感应似可称天才。张氏，文采黯然，胸无点墨“球莫名堂”；杨氏，静水深流，文化修养绝不“拉稀摆怠”。

至于其有多个太太一事，批评家谓之阴险。因为多则羁控难周，乃有青年学生勾引之，年轻人血肉气息浓重，一触即发。杨氏知之，阳示慷慨相许，并备盘缠礼送其远走高飞，而阴遣卫士于半途设伏，予以击杀。人谓之冷血，此或为事实，然其说也不甚通。盖以“你动了我的奶酪”，大抵没有拱手相送，还要馨香祷祝的可能。

话说蓝衣社理论家刘健群退台以后闲来无事，乃著回忆录《银河忆往》，刊于《传记文学》，搬弄旧时人物。他介绍法西斯起源和组织还有一套，关于川黔滇（酉、秀、黔、彭）一带的旧事，那就还“差一篾片”。

他说贵州军阀周西成一次以满清的废旧大炮在长江沿岸做伪装，兵不血刃缴了四川“一个驻在重庆的失败将领（姓名忘记了）”的军火，有“几千条新式快枪”云云。退台的军政人员，都是《传记文学》的热心拥趸，热情不下于今之娱乐“粉丝”，当然就窃窃私语了。然而杨森并没有七窍生烟：“啥子姓名忘记了哟”？“就是我嘛！我总是这么坦然的回答。”

《传记文学》的刘绍唐自然不放过约稿机会，他说原作者刘健群先生也必乐于看到这一段往事的真像，这会有辩诬的效应。杨森摩挲旧事，终觉难安，能无骨鲠在喉？于是欣然应之。他首先来个总的定性：“这一段描写，滑稽突梯，读来足以令人喷饭，确是茶余酒后，作为谈助的好材料”（《传记文学》，总第55号）。

他透露那会儿的“时代背景”，他说：“因为我在重庆的时候，对于酉秀黔彭一带的股匪，不论剿抚，都很头疼。酉秀黔彭包括酉阳、秀山、黔江、彭水各县，地区辽阔，山险路窄，地形尤其复杂。东是湖北，南为湖南，西走贵州，四省边界，犬牙交错。那几县地方相当富庶，还有很多著名的特产……周西成倒是不曾在西秀黔彭干过棒老二的。他是黔军，隶属袁祖铭的部下，驻防地是重庆下流，向以出产榨菜著名的涪州。”

杨森承认周西成没有干过“棒老二”,肯定他是地方的正规军人。他在文中分析当时的形势，逐个阐明大小西南军阀的源流及当时交错的矛盾。这些人时而怨憎反目，时而把臂入林，他们之间充满多得异乎寻常的“偶然”，他们之间的“偶然”是上帝也掌握不了的。我实在懒得列举他们的名字。只是那个王灵官就反水了 :“王缵绪和我中学同学，他从我很久，可说是当时我麾下的第一员大将……可是他就变卦了，他反过来直扑成都，这一来，我变生肘腋，腹背受敌，在隆昌四面楚歌，情势十分危殆。”

浑水好摸鱼，他说一批势利眼就团结起来整他，要他下野。“……竭力培植刘文辉，利用他来对我加以监视，局面僵持，他们人人心情苦闷，苦闷的情绪凝而为一，一盘散沙终于团结起来了。”“我的部将如蓝文彬等（就是台湾电影明星蓝天虹的叔父）也被刘湘或多或少地花钱收买了。”一句话，他被他们耍了，陷入重围，进退维谷。

因为云南是他的旧游之地，其后杨森有云南之图，可是“放眼云南，山高水深，艰险重重，我无法否认，打这一仗，我的胜算不太大”。再说，“我的部队，多年来都驻扎在四川膏沃之区，地方富庶，生活安乐，薪饷高，吃穿都好，那时当兵的收入，要比时下（指 20 世纪 60 年代的台湾省）公务员好得多。”

他们这样搞来搞去，整得社会鸡飞狗跳，儿戏稀松的合纵连横，相互的“唱衰”，亦是必然之事。所以向云南的退却，这个考虑也流产了，他的“功业”就开始滑坡以致崩溃了。云南不能去，只有下野向外省周旋转圜，遂有失败出川之事——

> 带了一百多名参谋、卫士，我从宜宾泸州之间的江安出发，乘的是一条小火轮。那上面，当然不会如刘健群先生故事中所说，有几千条新式快枪……
>
> 过重庆，时值夜晚，山城灯火辉煌，层层迭迭，我命火轮偃旗息鼓，熄灭灯盏，静悄悄地顺流而下。记得当时船上人人提心吊胆，颇显惊惶，我为了安定军心，装作若无其事，站在船头，和他们谈笑风生。我还说：“刘甫澄（刘湘的号）他们，只怕现在麻将打得正热闹！”
>
> ……周西成和驻守重庆的刘湘一样，万万想不到我敢轻舟简从，公然闯过鬼门关，而且一关二关三关乃至于无数关。这在他们心目之中，确是不可思议之事。
>
> 事后，也不知道聊以解嘲，还是别具用心，周西成逢人便说：
>
> “杨惠公下野出川，船过涪州，我哪有毫无所知的道理？只不过，头几天夜晚我做了一个梦。梦见我化身为一条小龙，浮沉于汪洋大海之中，被许多虾兵蟹将，妖魔水怪包围住了，拉拉扯扯，正在无法脱身。突然之间，看到一条百尺大龙，排山倒海而来，那些小丑，见了立刻纷纷走避。”
>
> 于此一端，也可以想见周西成这个人，临机应变，信口开河的本领……

他为何轻易逸脱？乃因他大肆摆出入滇的姿势，对方不知他走水路。他断定，周某是个怪人，“他在贵州严军纪、剿盗匪、办教育、兴建设，凡事都参考我在四川的作为。”

后来，周西成死了。抗战时期，杨森以第九战区副司令长官身份，参与主持湘桂会战，那时日军进占独山，大局危殆。杨森在军务繁剧之时，特意抽出时间，去参观周西成造在贵阳的主席官邸，西化得不伦不类。每一间卧室都附有一个小小的空房，既非盥洗室，也无他用，“守屋者满脸苦笑地告诉我说：起先是抽水马桶间！但是洋房造好了，周主席跑来一看，就皱眉头。他大发脾气地说：哪有厕所跟寝室连在一起的道理？拉屎撒尿，臭死人！还不赶紧给我把这些厕所搬到花园后面去！”

他最后下的结论：刘健群先生所描得很生动的周西成，有虚名而实秕糠，只是“不曾读书，略通之无的贵州怪军人”罢了。

杨氏不特线装古书读得多，看来也很能消化，而其对文字之感觉，亦情有独钟，是可以肯定的。他的这篇作品，不免一些鸵鸟心态，些许部分略装一点胡涂，但确也详尽辩诬，大大方方毫不支吾其词，把一二十年之内的历史，写得风生水起，甚至把它揭发个盆底朝天的。有的地方，他三言两语，言其大略；有的细部，他又藉微观以窥全豹，整合为一种活灵活现的档案资料，颇有见微知著之效。他笔下的贵州怪军人，也并不坏，只是有点“土”，私底下更是亦步亦趋地向成渝方面学习。他虽意在贬抑，到底也还温柔敦厚。再反观刘氏健群的文章，那就真个儿隔靴搔痒，微不足道了。打个比方说，就像要在鸡蛋里找骨头，刘健群啥也没挑到，还沾连一手腥液，而杨森杨老头，还真有本事挑出骨头，且言之成理，判断无谬。他们这批人，在那岛上待到老朽，慢慢地，个个都不免“闲坐说玄宗”的心态，在文字的驱遣方面，一些人就从“为人生的艺术”异变成“为艺术的艺术”了。当然，刘氏谈周西成的文章，文笔也很不错，气势连贯，只是内容空疏一些，杨森也赞他“声音笑貌，跃然纸上”，他毕竟听来的多，亲历的少嘛。刘氏的文字也难得一见，此处再引一段吧：“谷正伦回黔任了主席。这个时候的周西成，仅仅是在驻扎黔湘边境靠近洪江的一个游击司令王小山的部下，充当一名营长……周西成同我毫无关系，不相识也无恩怨。说起了他的好处，根本于我不相干；说到了他的坏处，骂的人也牵连不到我。但他是以前贵州省主席，对贵州老百姓的生活，是有影响的。我也是贵州老百姓之一，不能说我们没有关系……天地间有这样的一个人，也做了这许多的事，该褒？该贬？该痛恨？该鼓掌？通通不关我的事。让人们自己去理解，如是而已。所以我既不称之为怪杰，又不斥之为怪物。只说他是一个怪军人。军人是他的本行身份，怪是指他的事有些特别。只算是还他一个本来面目。不想加一点，也不想减一点。”(《贵州怪军人周西成》)。

杨森的文章后来都收入他的回忆录，篇幅达一百万言，文气始终不稍衰！厉害吧。有的大佬忙不过来，偶有人代笔、记录；而杨森和刘峙等人，都是自己抓笔，操觚上阵。刘峙所写先秦文学的札记（徐蚌败北后退到印尼时写的），拿来做今之博导授课讲义，一点也不陈旧，甚至颇有新意呢。

不敢说他写的就是“信史”，但无疑可为写史之助，多年不解之难题，往往为其一语解纷。甚至繁琐之鸡零狗碎流水账描摹得兴味盎然，措辞妥帖，榫头铆眼大小天衣无缝，表出事物清楚的阶梯和明显的脉络。其间又交织半调侃半论说的句子，乃至将历史经验美学化，致其叙述大有可观。闲读此书，几疑其为“左传”再生之现代版也。

兵学奇才辛弃疾

郁孤台下清江水，中间多少行人泪。西北望长安，可怜无数山。

青山遮不住，毕竟东流去。江晚正愁余，山深闻鹧鸪。

——辛弃疾《菩萨蛮·书江西造口壁》

这首简明而意绪无穷的词作，起笔突兀，中间一挫再挫，负手微吟一过，难免使人渗透满腔磅礴之激愤，仿佛夜潮轰然拍击，心绪难平，直至栏杆拍遍，泪眼婆娑。“今古恨，几千般，只应离合是悲欢？江头未是风波恶，别有人间行路难。”

今人所熟知的文学家辛弃疾，若从根本上说则是一个卓越的军事战略家，罕见的幕僚专才。即使和近现代的老毛奇、小毛奇置于一处，事功或因时势而逊之，兵略则有以相颉颃。他出生时北方久已沦陷于金人之手，他少年时生活在金人占领区，他在十几岁的时候就聚集两千能战之士，投到地方军事首领耿京的部队，他也做了耿京的高级幕僚，即掌书记一职。他在耿京部队所任记室一职，即是标准的幕僚。清新庾开府，俊逸鲍参军，记室也即是参军的一种。如咨议参军、录事参军、诸曹参军一样，他是记室参军，襄赞军务，位任颇重。

据史学家严耕望先生《战国地方行政制度史》转引，“记室之职，凡掌文墨章表启奏，吊贺之礼则题署也。”或者，记室主书仪，表章杂记等，由其负责完成。南北朝的时候，记室参军起草檄文，驰告远近。

至于记室参谋的要求，“记室之局，实惟华要，自非文行秀敏，莫或居之……宜须通才敏忠，加性情勤密者。”

辛弃疾可谓标准当行的记室参军。若在民国时代，则非陈布雷、饶汉祥莫属。

当时他就向耿京建议部队须向南方作战略转进。那时部队中也有一个擅长兵略的僧人义端，此公谈兵不倦，和辛弃疾是好友。他俩论述战略取长补短，一时形影不离。不料此公心怀异志，一日盗取军印逃逸。耿京以为二人既系密友，事乃弃疾唆使，欲对弃疾不利。弃疾请以三日为期，判断义端必投金人，乃急追缉，斩其首来归，耿京遂刮目相看。后来部队转移的时候，弃疾奉命南下与南宋朝廷联络。他在返回报命的半路上得知耿京被叛逆张安国杀害，立即率领五十余人的精兵小分队，长驱折返山东，实施一场精彩的奇袭。是夜月黑风高，弃疾从海州直向济州扑去，在五万敌军阵营中，将张安国绑回南宋斩首。当时金人正在狂吃滥饮，弃疾捉到张安国后还乘势对军营外的士兵作了简洁的策反演说，然后纵马而去。

“绍兴三十二年，京令弃疾奉表归宋，高宗劳师建康，召见，嘉纳之，授承务郎、天平军节度掌书记，并以节使印告召京。会张安国、邵进已杀京降金，弃疾还至海州，与众谋曰：

我缘主帅来归朝，不期事变，何以复命？乃约统制王世隆及忠义人马全福等径趋金营，安国方与金将酣饮，即众中缚之以归，金将追之不及。献俘行在，斩安国于市。仍授前官，改差江阴签判。弃疾时年二十三。”（《宋史·辛弃疾传》）

他后来到了南宋所写的军事论文《美芹十论》和《九议》见微知著，灼见古今。

“十论”中如审事、察情、自治、致勇、屯田、防微等篇章，指出和战之间充满偶然，种种超出常情的地方，其认识深入骨髓，就像后来的克劳塞维茨所说战争是一种艺术，但它绝不是常规艺术。辛弃疾说：“虏人情伪，臣尝熟论之矣，譬如狞狗焉，心不肯自闲，击之则吠，吠而后却，呼之则驯，驯必致啮，彼何尝不欲战，又何尝不言和……此所以和无定论而战无常势也，犹不可以不察。”

他的《九议》中更论述了处于劣势和危机当中的反攻之道，以及破解危局的战略战术。冰雪聪明，智数超群，真切可用。可惜南宋当局优柔寡断，将之忽而解职，忽而起用，拖沓多年后再想利用他扳回大局，他已垂老病笃，令人扼腕叹息。

朱熹由衷钦佩、赞叹辛弃疾颇谙晓兵事，并在著作中引用了他诸多论兵的段落。另外程泌有一篇两千字的给朝廷的奏对，通篇引述论证辛弃疾的用兵思想。其中说道，中国之兵不战自渎是从李显忠开始的，百年以来好几代人了没有人去纠正它，而辛弃疾认为，应以正规军驻扎长江边上，以壮国威，如果要主动北伐，则必须征集边疆土人加以精强训练，因为边区地方的人从小骑马射剑，长大后或驰骋或攀援，体力非内地人可比。至于当时江南一带水田里做工的农民，好像对战斗的场面非常惧怕，很难训练为进攻的先头部队。边疆的壮兵招来以后，要单独分成多个小团体专门训练，不要和官军混杂在一起，一旦混杂其战斗力又要大打折扣了。官军习性，一有警报就彼此相推，一有一点小功劳大家都去争抢。

部队构成，雷海宗先生以为，欲振兴武德，必实行征兵制，征召良民当兵，尤其是一般所谓的士大夫都人人知兵：人人当兵，方可使中国臻于自主之境。(《中国的兵》)

此说自然是不错，但兵要自立，须赖国家政体上轨道，使国民为公民，有其权利保障制度，这时的兵源，应无谓良民、刁民，因为在一个专制社会，就算大量良民入伍，兵的问题看似解决，但剩下不少的刁民、惰民，必因天性、生存滋生事端，岂非社会之祸？

这个问题，笔者较服膺吕思勉先生的论断，他说，募兵之制，虽有其劣点，然在经济上及政治上，亦自有相当的价值。天下奸悍无赖之徒，必须有以销纳之，最好能惩治之，感化之，使其改变性质。只有在营伍之中，约束森严，或可行之。

他们性行虽然不良，然若能束之以纪律，则其战斗力，不会较有身家的良民为差，或且较胜之。(《中国文化史·兵制》)

此说实有灼见，近年美国电影，表现越战，及非洲平乱，多有叙写囚徒、服刑者、犯禁者、有案在身者、性情桀骜不驯者，搏命突击，其锋锐不可当。此类人物往往“能打”，使人刮目相看，可证吕先生观点之明睿。

自然，在一个特殊的历史时段，统率此类人物，必待心胸博大、手腕超卓之将领，能从心理上使之征服，此事又属可遇不可求。

蒋纬国、辛弃疾正是这样不可多得的军中帅才。

辛弃疾在此指出了中国部队的致命弱点，显然他力主编练特种部队，他从根本上重视士兵的来源和构成，其着眼点在成分纯洁决定其战斗力。辛弃疾也极为重视谍报和情报的意义，他又对写奏对的程先生说，情报间谍是部队的耳目，胜负的关键和国家的安危都与它有关。他拿出一块锦缎方巾给程先生看，上面都是敌人的兵马数量、驻扎的地方，还有大小将帅姓名，这些情报的来源费了四千贯钱。他自己解释说，派遣间谍必须有参考和旁证，即不能是孤例，这样的情报才可能真确而非欺诈，显然他考虑周详，注重情报的质量，讲究单线、复线的真实性。

南宋当局曾经优柔寡断勉强出师和金人作战，结果是一败不可收拾。这位程先生说，在大战的两年多前，辛弃疾就贡献了他种种战略战术，可是没有真正加以运用，结果导致了悲剧的发生。当时招兵买马也毫无策略可言，正规军和民兵混杂不分，结果在败退中还互相砍杀。另外负责警备点燃狼烟的士兵，一听到警报丢下工具就跑，导致部队仓皇迎战。

辛弃疾所担心而要从根底上改变的军事颓势，其实到了近现代，还有一次触目惊心的重演。那是刘文辉的军参谋长巴人先生所回忆，时在 1934 年，西康又发生一次内战，那是西康土人先向刘文辉发起进攻。主战场是在甘孜一带。“不要小看那些西康土人不懂战术，他们起初的来势很凶，一开始就用人海战术，成千上万的骑兵，继续不断地向余如海旅长所部进攻，余旅仅有四千之众，人数上已经处于劣势，加以受到奇寒气候的影响，以徒步之师，迎击顽强的土人骑兵，只有招架，无法还手。”（巴人 :《我随刘文辉在四川打内战记往》）随后余旅大部分退至道孚一带，增援赶到，才算稳住了阵脚。

赶紧改变战略，对土人骑兵因采取夜间火攻的方法，对方于损折之下，骑兵面对火攻，已不能发挥作用。

辛弃疾事业起步虽为参谋、幕僚出身，但其胆气绝伦，文学、军事天才并重。他的兵学思想的深度或不在戚继光之下。南宋当局，若能依为柱石，大势或当逆转。

辛弃疾文名盛极，其余皆为所掩，实则他是不折不扣的军事思想家、战略家、行动家。在战术方面善出奇计、善出奇兵予以奇袭，他制造的行动总是干净利落发挥战斗效能。奇袭的成功，其间包含他一系列的战力培育，征兵、训练编程、意志灌输、单兵战力、协同作战、进击速度、基地建设，他都举重若轻予以导成。

此种奇袭颇有现代美军小股特战群的味道，高度的智勇胆力浑然一体，取得出乎意表的战果。可惜南迁派到多个地方服务，颇受掣肘，未能在中枢力行反攻之计。

他具有编练特种部队的能力、心力、智力，并很快产生高度的行动运作效果。无论在古在今，都是不多见的。

他所编练的部队所用武器，包括防御和攻击都较那个时代各方部队有所改进创新。

辛弃疾在四十岁的壮年，到了湖南，任湖南安抚使，稍有独当一面的事权，他就开始编练军队，招募农家精壮子弟，成立步马组合的飞虎军。史称：“军成，雄镇一方，为江上诸军之冠。”他在湖南编练的飞虎队，所用战马，专门从广西边地辗转购来，这种千挑万选之良种边马，骠悍耐战；步兵精锐两千人，骑兵五百人，协同依托作战，平时注重实战训练，预设实战推演，强调快速作战。不久已建成一支极为罕见的攻击型基干部队。他在各种人事纠纷中左推右挡，尽量将掣肘化解到最低，辛苦经营将此部队保持了很长时期。

辛弃疾的军事地理、战略眼光，是以编练特种部队、建立能战之旅为依托的，绝非刘斐之类第五纵队纸上谈兵虚应故事所可比拟。

辛弃疾的兵学实践在其办理马政一事上最能见出他的良苦用心。

苏洵批评宋代政治弊端，深中肯綮，“政出于他人，而惧其害己；事不出于己，而忌其成功。”（《上富丞相书》）

这也是辛弃疾所处的时代悲剧所在。

宋时兵制，吕思勉先生说，兵力逐渐腐败，宋代初起，兵力为二十余万，太宗末年，增至六十六万，至仁宗时，西夏兵起，乃增至一百二十五万！真是可怖。

这只是毫无意义的数量的增加，兵不知将、将不知兵，训练毫无，指挥稀烂。带兵之人，渴盼兵力增加，乃是为了克扣军饷以自肥，役使兵员以图利。为了养这些不中用的兵，国家赋敛之重，达至极点。宋代南渡之初，情形是军旅寡弱，包括较为强大的御前五军，如岳飞的同僚刘光世，在其人死后，部队瞬间即叛降伪齐。

宋代还有制约国家梁栋的，那就是外患之下的结党营私。起初的动机无论好坏，是否纯粹，到后来都变成意气与权力的竞逐。大家宁可误国，也不肯牺牲自己的意见与脸面，当然更不肯放松自己的私利。

专制扭曲人性、戕害人性，也对国运实施事实上的破坏。并非中国无人，而是结构性弊端，佛也救不得。

辛弃疾没有更大的天地供他洪波涌起，譬如他的养训军马策略，就毁于一旦。

在北宋时期，马政已经纰漏不修，王安石对症下药有所政策调整，但也和他的青苗等法一样，走入末路，使老百姓大起反感。军马用于冲锋陷阵，民马用于托运货物，两者竟被王安石混淆，如马病死，还要老百姓补偿，于是民间大起反感。

除了这些，还受到皇权专制政体固有弊端的打击影响。

本来呢，大的框架和议事规则定下来后，操作的争论无伤大雅，论辩还有利择善而从。而在专制之下，名堂就来了，歧路就多了。于是民生经济大受制约，精神空间幽闭，这样的人间世，还会有什么生机呢？

民初野史氏的《乌蒙秘闻》说是专制厉民之习，乃是一种妄自尊大，污吏擅作威福，对蛮族外人更是淫虐蹂躏，不逮牛马。而蛮人亦非木石，一有警觉则激而生变。《范成大年谱》引宋人笔记说当时朝廷征收战马，“然官吏为奸，博马银多杂以铜（与蛮人交易），盐百千为一春……所赢皆官吏共盗之，蛮觉知，不肯以良马来，所市率多老病驽下，致能（范成大）为约束，令太守……增足盐畚……”辛弃疾就要在这样的时空中挣扎。他对军马的作用认识极为深透。在那时，战马的作用相当于今之战车、坦克，古代胡汉战争都用马队，北方地势平坦，如欲逐鹿中原，马队极端重要。办马政有如联合勤务中最为重要的一端，辛弃疾又是北伐的力赞者。

训练特种攻击部队正是辛弃疾对北宋军政弊端的反拨。北宋军事训练极不得宜，到宋仁宗时代，征召农民训练为兵，保甲制度实施后，禁令苛刻，训练时间与农忙冲突，而不去调整，武器又须民间自行购置，种种弊端，农民大为反感，有自己锥刺眼睛致盲者、有自断其臂膀者，有自毁肌肤者，目的皆为逃避兵役。而王安石等辈不知此，仍梗着脖子说，“自生民以来，兵农合一”，就寻常道理来看，他的话没错;问题是这些民兵，保卫自己几里左右的家园尚可，如是大型野战或特战，那就只有丢盔弃甲了。

辛弃疾的特种骑兵观念和实践，即是要建立一种快速反应部队，一者可以随时用于进攻和防御，一者具有威慑力，也便于调动；另外，也可视需要在重型和轻型部队之间转换，有利于补给的迅速获取。

甚至他的词作，多有速度与火力心理的投射，诸如“谁信天峰飞堕地,傍湖千丈开青壁”(《满江红》)、“射虎山横一骑,裂石响惊弦”(《八声甘州》)、“金戈铁马，气吞万里如虎”(《永遇乐》)皆是。

抗战期间，九战区幕僚长、兵学家赵子立说过，“当然运动中的部队比占领阵地的部队容易打”，意味等到敌人立足已稳，就要麻烦得多。而要打击运动的敌人，则己方必须具有更为迅捷的运动速度，辛弃疾训练特战部队的心曲实即在此。

辛弃疾所力求达成的军事攻击的硬实力，如能与当时的政治经济渊然融合，则军事实力也可转换为一种软实力，它可以展开演习、吓阻、帮助冲突地区撤离非战斗人员、实施人道主义和灾难救援，等等，软实力是通过吸引而不是胁迫手段得到所期望结果的能力。

他的名作《九议》，密布历史的经验、地理的考量、现实的对策，军事的作用经纬交织，贯穿其中。

该文第六节，从南北体力差异来衡量，指出身处危局、面临危机，必须以极高明的头脑来措置。他比较敌我双方兵力配置战斗力差异，说明优势与劣势，在不同形势下的转换。提出对策，应以多种办法分散敌方的兵力达到牵制的目的。其中须以深远之计迷惑对方，使其首尾多处难顾，然后击其首脑要害，再进击其腹心，使之解体。

侦察权衡，明虚实缓急之势，因前述南北方人的体力差异，糊里糊涂的硬碰硬无异于“驱群羊以当饿虎之冲”，所以，不能以力搏力。

本文第一节指出了政治上的小矮人居间操作，而导致国家的不幸。他说，设使国家政治上轨道，则恢复北伐并非万难，甚至可说是简单的事体。但要事情变得简单,前提必须是政治的得体,如果“言与貌为智勇，是欺其上之人，求售其自身”，那就一切全瞎了。第二节则说在政治上轨道的前提下，军事也不是那么复杂的，只要掌握纵横变化不拘一格就把握大概了,“大要不过攻城、略地、训兵、积粟、命使、遣间，可以诳乱敌人耳目者数事而已……譬之弈棋，纵横变化不出于三百六十路之间。”

《九议》的前言，则在“战者，天下之危事;恢复，国家之大功”的原则之下，举出左、中、右各派的典型言论，以及其心理背景。弥漫着“因为懂得，所以慈悲”的高明战略表述。

稼轩的《论阻江为险须藉两淮疏》说明长江作为军事险要，必须是在凭藉两淮的前提下才能成立。长江隔离中国分成南北，从来“未有无两淮而能保江者。”两淮地势绵延千里，势如张弓，敌骑一旦扑到长江沿岸，东趋西走，如在弓弦，荡然无虑。但能在其中予以截断，则其东西不能相顾，而其北来之兵，则如行走弓背，道路迂远，悬隔千里，势不相及，消灭他们就好办得多。古之善用兵者，辄以常山之蛇作比喻，击其首则尾应，击其尾则首应，击其身则首尾俱应，这是强势状态，但就两淮形势而言，如果以精兵截断其中，淮中即是其身，若断其身则首尾不能相救。

他的这段论述，或许就是20世纪40年代末期蒋介石决意在徐蚌决战的心理背景。

明朝的纯文人，系指挥家、谋略家，军事与战术的具体措置在其次，主要是靠常识打仗，靠设计打仗，譬如于谦，在英宗被俘后，他和蒙古的也先大战于北京，都是几十万人的大会战。熊廷弼、洪承畴、袁崇焕都是书生，也是指挥大军作战的主帅，王阳明在江西剿匪作战总是靠出其不意取胜。

可辛弃疾有所不同，辛弃疾是战术家，也是战略家，是谋划者，也是操作者。他可以沉静制定战略，也可亲自驱动雷霆之怒。

同为打仗，同为书生作战，辛弃疾与民国的书生更多精神形质上的类同，而和明朝书生还多些气质上的区别。

辛弃疾的所有用心，在在表明，他要以强军固民的方法来消除笼罩在头上的掠夺、奴役和屠杀。“以战去战，以刑去刑”，用战争消灭战争，用刑法消灭刑法，用暴力消灭暴力。从而迫使北来的强敌逐渐放弃血腥的暴力压迫。他孜孜矻矻所作军备努力，涵盖临事须当机立断、不要姑息疑问，随时随事予强横掠夺者以正义的制裁，如此，来侵者方有可能知难而止，不敢轻予启衅；否则彼必以为人尽可欺，由暴力威逼而走入疯狂，利令智昏，忘却本来，只要阁下的土地一天不尽，他的欲壑永难填满。

他做建康府通判之际，湖湘一带盗贼蜂起，弃疾悉平之。不过他对盗贼起来的原因思索极深。他上奏疏分析之，皇帝也被他说得点头称是，弃疾说，“……田野之民，郡以聚敛害之，县以科率害之，吏以乞取害之，豪民以兼并害之，盗贼以剽夺害之，民不为盗，去将安之？夫民为国本，而贪吏迫使为盗，今年剿除，明年铲荡，譬之本焉，日刻月削，不损则折。欲望陛下深思致盗为由，讲求弭盗之术，无徒恃平盗之兵……”后来在江西做官，拯救民间饥荒，他也有不同寻常的平衡借贷之术，使骚乱危机瞬间化险为夷。

此间充溢罕见的慧眼卓识，以及智识者的道德良知。政治的眼光、行政的手腕，处理危机的才干，都是如此的妥帖高明，可钦可佩。谈到地方建设诸要端，关纽细节的处理，闪烁人性真善的不灭光辉，他披沥以道，具泣血之诚，我辈后人，也读得泪眼婆娑，恨不能乘霍金所说的时光机器，回溯 12 世纪的南宋，共与辛公，浮一大白。

至于他的为人与交际往还，“弃疾豪爽尚气节，识拔英俊，所交多海内知名士。”辛弃疾四十二岁的时候，因刚拙自信被奸人弹劾而去职，卜居上饶。此后廿年间，他曾短时间出任福建提点刑狱和安抚使，剩下的时间都付诸乡居生涯。

柳亚子在他的《沁园春》词中写道：“才华信美多娇，瞧千古词人共折腰，看黄州太守，犹输气概，稼轩居士，只解牢骚。更笑胡儿，纳兰容若，艳想浓情着意雕。”

真是牛皮哄哄，不知天高地厚，气泡大于海，眼孔小于针。辛弃疾把栏杆拍破，无人会，登临意。他的牢骚，充溢家国陆沉、干戈春秋的深沉感慨。其中更有战略要素被搁置、被打压的扼腕之痛，柳氏说人家只解牢骚，他懂得啥叫牢骚？精神境地、智慧手腕和辛弃疾差得天远地远，只好在那里盲人摸象、蒙昧臆测了。

辛弃疾的作品尤其是他的词作，缭绕挥之不去的愁绪、把栏杆拍遍的悲凉。此皆体制的污糟所致，一个风雨飘摇的政权，操纵在见风使舵毫无原则的三流小人手中，他们纵歌于漏舟之中，痛饮于焚屋之内。他们狗熊所见略同，用夜行人吹口哨的虚怯，操弄着那个随行就市的影子政府。内耗凶险固执，对付外来侵迫一律的软骨头，像没有脊梁的海蜇皮。辛弃疾这样的战略家，只能灰头土脸，处处丢分了。哪怕是优游的清兴，也被愁绪包裹，正如《鹤鸣亭独饮》所说："小亭独饮兴悠哉，忽有清愁到酒杯。四面青山围欲合，不知愁自哪边来。"然而，僵化的制度携带对人本的杀灭、对人性的毁伤、对才俊的构陷，群小汹汹，志士悲梗，内在的消耗犹如基因，随着辛弃疾们的投置闲散、无端见疑，南宋的国祚也逐渐走向了尽头。

血肉筑成长城长

抗战胜利，已六十周年了。取材于中国军民八年艰苦抗战的文学作品可谓难以枚举。而在抗战期间创作的抗战小说，直接表现当时中国军队震铄古今的血肉战只却是少而又少。因为一般作家，流离转徒，仓惶之状如幕燕釜鱼，更因战事的机密，最多从新闻纸上了解大概，难得有细致深入的采访。令人吃惊的是，一向以言情小说名家的张恨水先生却以他丰沛流畅的如椽大笔，创作了第一部长篇抗战小说 :《虎贲万岁》。贲音奔，音义皆同，典出《尚书》，形容武士像老虎奔入羊群一般,所向披靡。“虎贲”,是第五十七师的代号。

1943 年 8 月，日军纠集七个师团约十万人进攻常德，王耀武率主力在常德东北地区与敌激战。日军以陆、空军及坦克优势火力猛攻十六天，常德全城夷为平地，守城部队第五十七师，师长余程万，弹尽粮绝，一度退出县城，后王耀武亲率第五十七师残部，会同大批后援部队反击，又经两天激战，收复常德，《虎贲万岁》叙写的就是这一段可歌可泣的战史。

这是一部长达三十五万字的长篇小说，书分八十章。以余程万第五十七师保卫常德为主线，友军增援合围为辅线。日军主力依据的是《昭和 18 年秋季以后支那派遣军作战指导大纲》，试图摧毁国军第六战区主力，以策应南洋方面的作战计划。余程万以第五十七师八千余众抗击日军十万虎狼之师。11月初，日军以洪水暴发之势向常德四面合围，因而各山隘、渡口必分散国军兵力，往往一个据点以一排一连的兵力，要抗击上千敌人。日军以飞机、山炮、重炮、平射炮、重机枪等强火力突击直攻，很快，常德内外，烟焰蔽天，民宅荡然。国军余程万师长不断调整战术。坚守迂回与反冲锋不断交替，然而，在日军毁灭式轰炸之下，国军整排整连牺牲者不在少数。连日血战，第五十七师伤亡惨重，阵亡率高达百分之九十五以上，并逐渐被压迫到城中心狭小地段。余师长及残部发出最后一封电报给第六战区司令长官孙连仲："弹尽、援绝、人无、城已破。职率副师长、指挥部、参谋主任等，固守中央银行，各团长划分区域，扼守一屋，作最后抵抗，誓死报国并祝胜利。"11月末，日军大量投掷燃烧弹，常德核心地区成为火海汪洋。此时，奉命增援的第十军各部已向常德突进，因无法突破沅江防线，致使第五十七师余部再受重创。12月3日，余程万率余部突围，与第十军各部及第九战区增援的一个兵团会合，回戈反击，很快完成对常德之敌的包围，12月上中旬，常德会战遂告结束。是役共毙敌万余人，国军伤亡近十万。增援部队长官第一五〇师师长许国璋、预十师师长孙明瑾、暂五师师长彭士量以身殉国。而第五十七师八千余众，最后只剩八十三人。战况的险恶，可以想见。

张恨水先生饱蘸浓墨，以从容而又激荡的心情叙写了抗战史中光辉的一页。人物塑造方面，上自师长，下至伙夫，全部真人真事，时间地点也同战史完全吻合。战事由师部往来于前线及指挥所之间的程参谋和李参谋的行踪来构成，脉络极为清晰。笔墨分配是战场两军接触的复现；国军指挥的计划方略；以湖南常德为中心的军事地理；以及个别军官、士兵同其家乡女郎的恋爱，不过这最后一条色泽浅淡，只是作为一种陪衬，来烘焙军人与土地、人民的血肉关系，因为战争虽在湖南展开，而守军却多来自山东、广东。师长余程万是广东人，他的形象十分饱满。他毕业于黄埔一期及中山大学政治系，孙中山先生创办的一文一武两所大学他都有沾溉，早在 1931 年他就任南京警卫军少将教官，次年又转入陆军大学研究院深造，学历之高，在国军将领中实属少见。余师长的整体形象，除了弹下巡城，亲督肉搏战，以忠勇事迹答复敌人荒谬传单等细节来充实以外，还由兵士、参谋、友军长官的谈话来衬托。大战前疏散常德群众之时，城里的王主教以为余程万是老粗，不料看到的却是一个儒雅坚毅的将军。而各战斗场面，又写得绘影绘神，声光交织，极有现场感，作战的勇敢与牺牲的壮烈，逶迤写来，其细微处，从双方冲锋与反冲锋的锐不可当，到坦克的驱动，机枪的密集扫射，再到大战之后的一钩月亮，都是实在的情形。

恨水先生写作这部《虎贲万岁》，因缘于第五十七师有关指挥官之请，然也更多感于“七年来（那时是七年）还没有整个描写抗战的小说，是我们文人的耻辱，对不起国家”。终于在抗战末期写完，所以也可说是中国第一部直接描写抗日战争正面战场的长篇小说。寻常人只晓得张恨水先生是言情小说大师，殊不知恨水先生更是国学功底深厚的旧式文人，他的散文集《山窗小品》《上下古今谈》是现代文学史上别致高华的作品。这部长篇小说直面抗战，虽点染军人的爱情，也只是战事构架中淡痕似的一条细线，而且中间几乎消失，直到胜利，才又拾捡起来。因为恨水先生感到中日战史上这件惨烈的战事，要使第五十七师英灵流传下去，所以完全改变了他平时的笔风。以章回体和现代小说相结合的写法，雕塑了一座民族精神的纪念碑。

《虎贲万岁》收尾只写到1943年年底国军欢庆收复失地。书中主要人物余程万结局如何呢？内战期间，他先后留守广东、昆明等地对付动摇的地方势力。在云南，临解放时被卢汉扣押，后与李弥等人一同获释，任第二十六军军长，先后防守海南、云南蒙自等地，均因大势颓败而节节溃退。1953年5月在海南，因反感蒋介石褊狭刚愎的作风，以“带罪之身”，潜往香港寓居，一直未回台湾。1955年8月27日晚，他的年轻美貌的夫人为香港黑社会绑架，愤激之中，亲自携枪出面营救，然而，老手颓唐，蛟龙失水，他这风中独木也就无复当年的勇谋了。也许是劫数难逃，枪战中，连中对方杀手所发数弹，一代抗日名将，就在潦倒蹭蹬的晚境中，结束了泡影一样的人生春梦。当时闭关锁国，恨水先生也未必知道，余将军竟是这样的结局。十二年后——1967年春，“文革”开始不久，张恨水先生也在北京去世。这部小说，近些年来只有北岳文艺出版社的新刊本，列于《张恨水全集》之中。

老派幕僚的最后余光

——陈布雷的幕僚历程

有一类幕僚，自命不凡，目空余子。另一类，人以国士待我，而我以国士报之。才识副其怀抱，平生只知效死力相报。

知识分子常常是文弱书生，在抗战期间的重压之下，情形就更其不堪。像陈布雷，“他的身体很坏，用脑过度，面孔上常摆着苦恼的形象。”（《张治中回忆录》）到他的身体已是风中残烛的时候，他走几步路都虚汗频出，可是他的心里，仍担心“心无空闲，夜无安睡，而公家大事之贻误，又何堪设想？”张治中在成都带他逛街，买小吃慰劳，他竟高兴得像小孩。

旧时代，报纸上那种浅易文言随处可见，而真正堪称纯正、名下无虚的，是著名记者陈布雷那支虎虎有生气的妙笔。他于 1926 年 3 月 12 日上海《商报》撰写《中山逝世之周年祭》，尝谓“岁月迁流，忽忽一星终矣。国辱民扰，世衰道歇，山河崩决，莫喻其危……虽然，吾人之纪念逝者，其所奉献之礼物，岂仅鲜花酒醴、文字涕泪而已乎”，即可见一斑。陈先生天纵奇才，又加以文言功底深郁，真积力久，根深叶茂，发而为文，必有可观之处。大学者王力（了一）先生对他也甚为叹服，以为“他的文言文是最好的”（《龙虫并雕斋琐语》）。

1937 年 7 月 17 日蒋介石在庐山发布全民抗战的声明："我们既是一个弱国，如果临到最后关头，便只有拼全民族的生命，以求国家生存；那时节再不容许我们中途妥协，须知中途妥协的条件，便是整个投降，整个灭亡的条件。全国国民最要认清，所谓最后关头的意义，最后关头一到，我们只有牺牲到底，抗战到底，唯有牺牲到底的决心，才能搏得最后的胜利。若是彷徨不定，妄想苟安，便会陷民族于万劫不复之地！"即为陈先生手笔。他这样一个极为自信的学者，后来竟堕入极度的失望之中，竟然服用过量安眠药而自尽，结束了雄奇而又委屈的一生。

政论文字的天才

陈布雷 1926 至 1948 年，长达二十余年，为蒋介石之心腹助手。他长期担任侍从室二处主任兼五组组长，他的心理背景乃是："愿为公之私人秘书，位不必高，禄不必厚，但求能有涓滴为公之助"。

他最重要的幕僚作业，是为蒋先生撰写重要文章、文告，《对张、杨的训话》《西安半月记》均出其手。

他的回忆录写至 1938 年，实际是他的自订年谱。

他的文章逻辑严密，思虑深远，而他的修养，邃于经史，学问淹雅。其幕僚作业，思虑绵密而治事周至。

他在浙江高等学校读书时，大量涉猎中英文名著，历史由沈尹默教授，称做掌故史，偏重文化史内容，另致力于 19 世纪晚期宪法史，比较宪法等课程。那时他已剪去辫子这"可耻之物"。1911 年，他二十二岁，革命思想业已初步养成，毕业的时候，他的老师对学生说：“望汝等不以此为止境，须知中国方在开始一前所未有之改革期也。”

1911年，戴季陶到他宿舍，力劝他到东北，做蓝天蔚的幕僚，他不愿离开《天铎报》，婉辞之，季陶还埋怨他胸无大志。

中山先生为临时大总统，撰发《对外宣言》，初稿为英文，王亮畴交到上海《天铎报》，报社总经理陈芷兰说是陈布雷即能翻译，亮畴不信，马上现场试译一段，都觉得不失厚意，遂由他全篇译之。

亮畴又将文字润色一遍，天铎报刊之，次日，《民立》报的徐血儿对于右任说，此文被《天铎》译之先登，可惜、可惜。

到了1938年夏，三青团筹建，刘健群执笔草拟《宣言》及《告青年书》，蒋公指定此二稿必须交由陈布雷修改，当时正撤退，辗转重庆、武汉之间，五易其稿，仍觉原稿难以改好，最后不得已放弃之，由潘公展重新拟稿，布雷加文学润色，才通过。

旧时幕僚，替人捉刀代笔，就其撰述公文而言，不须文采，只要没漏洞即可称佳。《幕学举要·总论》谈到这一点，尝谓“文移稿案，原属平浅。留心细看，习练久则自知之。”只要不出常识笑话就很不错了。

但是陈布雷的文章相反，他写得专业、实用而文章气势逼人，而又妥帖安稳，将难以照顾周到的文章难点处理得恰到好处，可称调和鼎鼐之手。也正因为太过用力费心，惨淡经营，他的身体透支迅速，到自戕前，尚属人生壮年，却已无法支撑。

主佐文幕的经纬

布雷先生在蒋介石身边做幕僚，贡献极大、时间极长，而且用志不分，品格意志最为专一，同样重要的幕僚还有陶希圣，但陶氏中途变节，复又反水，颠来倒去，真不好说。蒋纬国在他的口述自传中说：“最早替父亲拟稿的有陈布雷、陶希圣两位先生，陶先生最杰出的两本书是《中国之命运》《苏俄在中国》，可惜《中国之命运》的原稿被烧掉了。秦孝仪、陶圣芬、楚崧秋、萧志成也曾先后执笔；有些人则是从记录开始做起，后来都是做事务性的工作，如孙玉宣、周宏涛。”

1926 年春天，邵力子向陈布雷转述蒋介石的慕重关心。

其时布雷任职于《商报》。

该年年底，他和潘公展赴南昌，除夕晚上拜谒张静江先生，翌日见到蒋介石。他来的时候，就拎着一个小包，带着他自用的文房四宝到来了。

1927 年 2 月，蒋介石发表《告黄埔同学书》，就是蒋氏口授，布雷根据其意思而起草的。这可以说是他正式的首次幕僚作业。本来蒋氏要他担任《中央日报》总主笔，因彭学沛在任上，他辞谢了。1928 年，北平克复，乃随蒋介石赴北平，途中起草总司令呈文。接着又起草《祭告总理文》。这期间他兼任《时事新报》主笔、浙江教育厅长等职。

1934 年在委员长南昌行营，蒋介石告诉他，幕僚方面，政务有杨永泰，军事有熊式辉，文字方面，极需像他这样的人在左右。其后不久他就正式往南昌，担任行营设计委员会主任。熊、杨为常委，开始网络青年留学生来此作研究、调查、设计等工作。

委员有二十多人，但陈布雷说，“真有学问见解又能明识分际者，寥寥四五人而已。”

1935 年初撰写《敌乎友乎？》，痛斥日本野心军阀之无知，发表后多方转载，引起轰动。接着赶到南昌过阴历年。行营设计委员会撤销。改组设立于 1933 年的侍从室，设立一处二处，分工是一组总务、二组参谋、三组警卫，属第一处，主任晏道刚；四组秘书、五组研究，属第二处，主任陈布雷。此后，他的行踪，大处而言，就是武汉、重庆、南京，一直到自戕身亡。

他平时主佐文字文案，偏重思想、文化等，而非军事——萧赞育《在侍从室共事的一些印象》谈到，陈布雷先生作为幕僚的作业性质，重心是文字工作而非其他。那是萧赞育和布雷先生首次见面于牯岭，聊天闲话，首先他略述身世、身体及其兴趣，并说：此次委员长要我跟随在他左右，是要我帮忙他文字方面的工作，而不是要我帮他处理政务或预备要我做其他的事情。

他随蒋介石出行，每到一处，一有空闲，就是买书，像《陈后山诗注》就在南昌买得，所购图书多为四部要籍以及英美近代史等文史类图书。

1935 年是他幕僚作业极为繁剧的一年。大致行程是，汉口、重庆、贵阳、昆明、个旧、开远、重庆、成都、峨眉山、上海、浙江慈溪……

四月份他从汉口飞往重庆，住在上清寺农村。这期间他和四川军政文化界接触很多，他对四川人的感觉，“觉川人之颖慧活泼实胜于他省，而沉着质朴之士殊不多觏。模仿性甚强，亦颇思向上，然多疑善变，凡事不能从根本上致力。文胜于质，志大而气狭。”

这种看法和意见，他也作为心得贡献于蒋介石之前。因而蒋介石初到四川，即以质朴诚信来勖勉川人，目的是劝勉川人服从军政系统。

有趣的是差不多在相同时间，郁达夫发表文章，对浙江人脾性力斥不留情面。“浙江自古是文化灿烂之邦，不过近几十年来，弄得委靡不振，鬼怪横行。市民只知道喝喝茶、买买菜，无反抗心，无男子气。一个军阀来，就开一次欢迎会，一件事情已过去了，也打一个电报凑凑趣，闲下来就问问流年，看看八字，封建时代的生活样式，还流行着也支配着……”（《告浙江教育当局》）

重庆尚未很熟悉，马上就起程了，因为蒋介石到贵阳督促与红军决战。5 月初他和陈诚、吴稚晖同机飞筑（贵阳），在此撰写《国民经济建设运动纲要》。他在贵阳很忙碌，至于重庆大本营的参谋事务，乃由杨永泰代理。他还和吴稚晖到了修文县，瞻仰王文成公（王阳明）祠。龙风山上一轮月，仰见良知千古光，这里珍贵文物极多，祠堂四面游廊相连，左右墙壁嵌有阳明书法石刻及阳明燕服线画小像，以及钱大昕、袁枚、翁方纲、成亲王、阮元、何绍基、郑珍、莫友芝等清代学者多人的考证、题咏和游览祠堂的诗文石刻共数十方，俱为不可多得的碑刻菁华。

贵阳居停半月，马上转赴昆明，住在翠湖边上。他很喜欢这里的气候，仿佛高原江南，觉得大胜贵阳。曾到昆华图书馆看书、到安宁温泉沐浴，并随蒋介石游览滇池。这期间，他见到了云南人袁嘉谷——就是超越张一麐被点经济特科状元的那位。他曾任浙江提学使，与陈布雷有师生之谊。相见甚欢，袁先生给他介绍了很多滇中名宿，他的感觉是，这些人的言论，“皆通达时务，洞明学术，虽规模稍狭，然较之在黔之荒寂，自不同矣。”

这期间，蒋介石带着龙云，坐飞机飞至川康一带的会理、西昌，向四川地方军人空投命令及委任状等。龙云回来向陈布雷说，他是第一次坐飞机，在机中与蒋谈话，益觉西南国防之重要。

然后，他和吴稚晖转往个旧、开远游览。这两个城市，今均属于红河自治州辖区。那是6月份，因海拔低，已经很炎热了。

回到重庆，马上又转赴成都。那时候，行政机构和人事纠纷中，矛盾多多，陈布雷所作的，就是劝大家互相体谅、信任，“始有忍辱负重准备御侮之可能。”

7月份，随蒋到峨眉山开办训练团。他住在山上，主要研究有关国防之财政经济之方案。

8月，经由上海，回浙江慈溪探家。其间为宪法起草事，访问黄郛于莫干山中。

该年年底，蒋介石在国代会所作有名的报告，就由布雷先生起草，传承至今的名句有：“和平未至绝望时期，绝不放弃和平；牺牲未至最后关头，绝不轻言牺牲。”张恨水先生在重庆新民报持续七年的抗战随笔时评专栏“最后关头”，即典出于此。大会宣言也是由戴季陶写提纲，布雷连缀成文，修改三次，费时二十余个小时。

1936年侍从室在南京中央军校内拨得固定办公地址。他仍为二处主任，每天都要固定办公六七个小时，这时他对第五组的秘书颇有意见，乃因各个秘书不明职务性质，常思越位言事，或请调查某些机关状况、或据坊间传闻攻讦主管人员，或乱上条陈，陈布雷公开给他们说过多次，仍然积习难改。此事使他烦闷不安。

西安事变前他从洛阳回南京，未跟蒋介石到西安。原因是蒋介石对他说：西北天寒，有病之躯不宜同行……如有必要，当电召西来，否则在京相候可也。

不久西安事变发生，南京一时间风传甚多。各要员乃群集何应钦家中商议。从此半个月中，陈布雷处于彷徨焦虑、繁忙痛苦的难言状态，精神上可说是六神无主。同去的幕僚人员情形危殆，萧赞育作为幕僚随之前往，他说那次一同去的秘书人员，还有毛庆祥、汪日章、葛武棨等，萧乃华则死在事变之中。事后据当时目击者萧自诚说，士兵叫门，持枪突入，气势汹汹，萧乃华匆忙中拿枪在手，准备对抗，卒被射杀。

他在这焦虑的状态中，仍然肩起核心幕僚的重任，和他人联名劝诫张学良；代黄埔军人草拟警告电，协助宣传部策动全国舆论围攻张学良；安慰宋美龄；等等。蒋介石获释后，他到机场迎接，蒋介石给他一个草稿，他仅用二个多小时即撰成，即有名的《对张、杨之训词》。这段时间他在侍从室办公时间，则从清晨延长至深夜。

抗战军兴，1938年年底，蒋介石到广西设置桂林行营，布雷随之。闲暇时蒋介石找他谈论。其中，蒋介石对日本的大东亚共同体及连环互助论尤其深恶痛绝，说是此种桎梏，将断送民族命运于永久，比军事占领还要可怕，万不可中其奸计，因此也要做精神斗争。向陈布雷口授四五次，命其记录要点，准备撰一长文。12月26日，他以一天的时间，为蒋氏撰成《驳斥近卫东亚新秩序》之讲演辞。张季鸾说此文为抗战期中第一篇有力之文字，两天后正式播发。1939年春，他常住重庆，还是为蒋撰写文字。他平生为蒋介石作文，以这个时段最多最为集中。《行的道理》《政治的道理》《三民主义之体系与实施程序》等文，都在此时写成。他自谓精神尚佳，动笔很觉顺畅。

幕僚作业的辩证

据杨树标《名岂文章著》统计，抗战期间，以蒋介石名义发表的文章共有六百七十五篇，包括演讲四百零三篇、书告八十二篇、文录九篇、别录一百一十五篇、谈话四十六篇。其中大半都是陈布雷亲笔撰述，文章主题均包含抗日锋芒，大致涉及的方面有：全国军民牺牲奋斗，已使民族地位日益提高，最后胜利日益接近；我国抗战，目的一天不达，抗战一天不停；全国军民对于抗战皆有应尽之责，必须紧守岗位，贡献力量；全国军民要有楚虽三户、亡秦必楚的气概，以血肉的代价，来换取永久真正的和平。

在他精神佳好的状态下，一般文章，真可说是下笔千言、倚马可待。这样的时候，所作文章，文气充沛，通体不懈，仿佛象征抗战之光明前途。一旦精神压力增大，或失眠、或头疼，则往往文气不接，这样修改的时间就大为增加。譬如有名的《告空军将士书》，因脑力不济，前后费时十六小时乃得完成。这是在1937年八月上旬，在上旬同一时段要完成的作品达六七件。

布雷先生做人低调超乎寻常，而其内心，对于文章之道，则颇为自负。《大公报》在张季鸾去世后，由王芸生主笔政，王氏为人为文俱躁进张狂，言论偏颇一泄如注，布雷先生见此大为叹息，一次忍不住对报界的同仁胡健中说，“我如果年轻十岁，我就再下海做新闻记者，和他们周旋；也不应该让他们这般人如此猖獗！”他讲了一句历史上的话，好像是晋朝王敦说的：世无英雄，遂令孺子成名！（胡健中：《我与布雷先生的交往》）

他对自己的文章极为自负，当时蒋介石的文告十之八九皆出其手，蒋介石有时把他的文章改动几处，他觉得改得很好，但有一次中枢的一位侍从秘书竟擅自改动了他的文章，他一连失眠了好几夜，很不平地对胡健中说，“你看，某人现在都可以替我改文章了！”

陈布雷是文化、新闻总指导，宣传方面负全责。报界、中央社也得受他的指导。

曹聚仁说，吴稚晖、汪精卫、胡汉民、戴季陶、叶楚伧、邵力子、陈布雷、潘公展、程沧波等人，都是以新闻事业为敲门砖，进入政治圈中去的，到了官场，就阿附权势以取容了。

这个判断，似是而非。其实这些人大半主业为革命，新闻事业反而是工具和手段，或曰得心应手的利器。

北伐期间，风头最健的媒体，是他从业的《商报》。从此受知于蒋，邀到南昌参与戎幕。一如汪康年为张之洞幕僚，主要是文幕。近日坊间青年，或者无根游谈，将其定位于军机大臣，乃是见风是雨的夸张猜度。

他的幕僚作业更多的成分，是文学侍从之臣。他负责起草文稿和文告，当中就会有次一级的政策拟定。内容虽授意于蒋，但也渗入个人意见，虽不全是言听计从，但也多有采纳。

《西安半月记》乃是陈布雷代蒋介石就西安事变所作的总结。其间也有对南昌行营已来的局势、他的作为所做梳理、辨析。他在另一篇宣言中说：“幸赖主义之照临、同志之用命，曾不数月，湘、鄂、赣、闽全告复，此非中正所敢贪天之功，实中央执委会付托之专，用能集中号令，团结内部，不虞牵制，以克奏斯绩也。何图……奉鲍罗廷之发纵指示，造作种种蜚语，提出军阀、独裁等口号，冀直接打倒中正，间接打倒国民革命。而本党本军之一部分同志，不悟其奸，竟被所惑，遂以为中正有企图军阀及个人独裁之倾向。”大概算得是一种背景的说明。

王芸生《一个可悲的新闻记者》尝以为，陈布雷早年曾任上海《商报》的主笔，写得一手漂亮文章，他觉得陈布雷是一个典型的文人，但又是一个可悲的新闻记者，“蒋的头巾气，不能不说是出于陈布雷之力。四大家族的生活意识中何尝有什么礼义廉耻？标榜四维八德的所谓新生活运动，宋元学案的摆设，都是受了陈布雷的影响。”

王氏此说不当，盖本末倒置。蒋介石在赏识陈布雷之前，已经具备相当的传统文化修养，正因如此，他才因欣赏而看中陈布雷。1927 年 9 月中旬在杭州，陈布雷和他的大哥陈屺怀拜会蒋介石于烟霞洞，蒋介石当张静江面称其文婉曲显豁，善于达意。

他不希望政府官僚化，而期盼清明健全的组织。他看到那些所谓要人之颟顸误国，悲愤不已，对于局势的变异，他看清是非，但没有勇气力争力谏，这是他矛盾痛苦的根源。

他的自杀，乃是幕僚作业最沉重伤怀的一笔。

悲凉结局和晚年心境

张治中也曾在侍从室工作，他将陈布雷视为最好的文学老师。基于同事之谊，他在生活上也很爱护陈先生，陈先生用脑过度，面孔上常摆着苦恼的形相，是典型的苦行僧，至于日常生活，更不乏天真的认识。所以，张治中常常跟在他的后头，逗他的兴趣，以此法减轻他的苦恼，使之笑靥常开。张治中说：记得有一次在成都，与他同住一个地方，有一天上午，没有什么事，我笑着对他说：带你去调整调整！布雷说：大哥（他老是这样称呼我，实则我们是同年，我不过比他大几个月），我们到哪里去？我说：你跟我走好了。这一天，我带他吃成都有名的小馆子，逛少城公园，喝了茶，又看了电影，混了大半天，他感觉愉快得很，笑容可掬。我问他：好吧？他说：好！以后他常希望我带他调整调整。（《张治中回忆录·一个文人》）

布雷先生自来体弱多病，常常要借助安眠药才得以休息。结下终身文字之缘，生活清苦自励。他晚年答记者：我这个身体，好比一部机器，实在用到不能再用，从前偶然修理修理，也还照常可以开动，现在确已到了无可再修的地步。

1940 年间，日本战机大肆轰炸陪都重庆，采用轮番式的疲劳轰炸，试图从灵肉两面摧毁中国人的意志。布雷先生撰述文稿，每每在防空洞内完成，体力渐感不支。初夏时节抵老鹰岩村舍休养，山居期间仍修改讲词，稍暇则读陆放翁之《入蜀记》《老学庵笔记》及陈后山诗等。6 月间撰写回忆录，7 月 24 日敌机猛炸重庆，敌人广播，造谣说陈布雷被炸毙。是年 10 月，自称："余近来之身体精神大半视睡眠充足与否为转移，然长服安眠药则影响肠胃，不服则睡眠不佳，诚无可如何之矛盾现象也。"

他最后的幕僚作业，竟是尸谏！

徐蚌败局已定之际，他到上海召集报界巨头会议，他向友人说起蒋介石怪他精神颓唐。而在他的心里，也在思考，心中阴影厚积：此时的蒋介石和北伐期间的奋进有为判若二人。

他多年的贴身副官陶永标回忆说：

有一次，陈布雷同蒋介石密谈至深夜，事后蒋送他步出总统府大门，我从侍卫室出来跟随在后，听见蒋介石对陈布雷讲的几句话，内容大意为：“目前战局确是不利，国民党可能被打败，但不会被消灭，布公不必如此悲观。”“自古未有分天下而能久者。谈判也保不住国民党的半壁江山。事到如今，我们只有背水一战，成败在天了！”其后陶永标发现陈布雷的脸色很难看，回到寓所还自言自语叹道：“成败在天，成败在天！”一连数天抑郁不欢。

蒋介石对文官、武官态度渊然有别，对大文人、名教授往往礼遇有加，对学界人士之尊重又在一般的文官之上，《大公报》张季鸾起先的地位并不很高，得蒋先生提携，遂居重要影响之地位，而《大公报》的业务开展也盛极一时。对张季鸾是这样，对程沧波、胡健中、潘公展、黄少谷诸位，他也很周到。对于陈布雷，蒋氏始终尊称布雷先生。

他几乎没有什么应酬。他谨慎、甚至拘谨的作风更增加了他文字的周密。如有重大文字任务，有时他会好几天不下楼。陶希圣认为：“在委员长的跟前，许多高人才士一接近就变质了。布雷先生则不然，他是一位报人，报人有广阔的视线、客观的思考、精确的批判，适于幕府的要求。布雷先生替委员长襄理机要，却始终保留一个报人的本色，居政治的中枢而对政治保持批判的精神，所以委员长尊重他。”他的自裁，必定饱含了非同寻常的剧痛的心灵矛盾，他的文人学者本色，已经一压再压，临了批判的精神在寻找最后的出口。

精神的打击，加重弱躯病体的负荷；羸弱的肉体，更无法承受自尊心的频受撞击。于是形成恶性循环。

遗书重点，一是毫无价值的一生，二是书生无用，回首履历，深觉有违初衷。其间“目睹耳闻，饱受刺激”乃是聚焦之点，读之悚然，如冷水浇背，当头棒喝。

布雷先生自裁前，已无计可施。计早出尽，有的不听；有的未及行；有的行而无效。至此则身颓而心如死灰，故无计可施。他本是一个谨小慎微的人，在大庭广众中，总是走在旁边轻轻侧身而过，息事宁人，唯恐有所开罪。他在中壮年时期，还在做返回新闻界重操旧业的梦寐。他说他对政治不感兴趣，但其所撰述，则又言不由衷，其议论国计民生在文字理论上头头是道。到了形势河决鱼烂之际，所有的矛盾纠结缠绕，一时俱来，这并非针对他一个人的业障，但对他的打击较常人更甚千倍万倍。

云天在望，遥念广寒深处，不知今夕是何年？

眼看他起高楼，眼看他宴宾客，眼看他楼塌了。几十年中布雷先生看过多少更替兴亡，不少他更参与其中。其中必有一个理由，他想解开这个谜，但他实在太累了，他等不到答案，他绝望到也不想再等这个不祥的答案了。

做记者，写政论，他胸怀千载，志吞八荒。掉鞅文坛，所向披靡。其间自有一种气象和尖锐。而其做幕僚，而且始终是一位高级幕僚，却从战战兢兢临深履薄处做将出来，他的苦心和见解，从国家大政方针至于人事的协调融和，其迹虽不易见，而其功则不可没。他敢于无名无权的位置，表面上看不出什么赫赫之功，而实际上贡献不少重要的决策。以一最高级幕僚的身份，他的私生活却到了克勤克俭的地步。程沧波说他像戒律森严的公门中修士，“他在重庆美专校街时，每当傍晚我从上清寺到他的寓处，晚饭时到，他常留我吃饭，叫用人加菜。每次是两个盐蛋，这就是当时宪幕的生活，也就是大英雄的本色。”（《大记者与大英雄》）

他的正义感，他的一介不取的超然立场，极细微处在在表现出传统美德的附着。

唐纵《从两件往事看布雷先生》里面提到，战时重庆物质供应紧张，人家送他几筒三五牌香烟，唐纵知道布雷先生吸烟上瘾，就拿去转送给他，但他一再不肯接受。唐纵只得向他说明：这是朋友送的，而且并非有所干求，几筒烟并不会有玷您的情操，您受了也是取不伤廉。这样他才勉强收下。

另外就是 1945 年六全大会，中委提名，各方面向蒋介石推荐的候选人名单，很多既非对社会有何贡献，也非为行政延纳人才，而只是出于人事关系，你争我夺，以致蒋介石很难定夺。布雷先生目击这样的情况，心情沉痛到极点。后来，中枢和他谈到希望推擢一些不偏不倚的人才，问他有没有适当的人，他为了不忍再增加蒋介石的困扰，干脆一个人也没有提。

唐纵感慨道：这样大公无私的品格，说起来是理所当然，谁也应该如此；可是实际做起来，其困难是很难想象得到的。

关于陈布雷的工作特征，最近《参考消息》（2007 年 11 月 27 日）文章《伟人大都懒惰》可作参证。里面写到像陀螺一样不停工作的人，因为破坏了生物钟的运转规律，往往变得迟钝不堪，甚至因高负荷工作耗尽了生命的源流，据美国教授对多个历史名人的分析，将天赋转化为特殊的才能需要耗费很长的时间，所以据说爱因斯坦、牛顿、阿基米德、毕加索都是以懒惰著称，当中的回环余地反而为他们赢得了超强的想象力。

相反陈布雷先生缺乏适度的怠惰，思维处于压力之下高速运转，结果伤害到生命的根基，他在生命的壮年就已灯尽油枯，实在因为他过于勤奋，燃尽了作为物质燃料的身体机能，以一己身体的资源再生的渠道被阻断，身体资源耗尽，加以战局一挫再挫，可以说悲凉之雾遍抹心房，于是对死亡的防备岗哨，悉数解除，大门洞开……

布雷先生尽忠职守，俯仰无愧，超过了自身承受的极限，真可入幕僚史圣者之林。

老兵永不死，只是悄然隐去……

——略谈《麦克阿瑟回忆录》

他是大知识分子、思想者、政治家、哲人、预言家，善良的打抱不平者，有史以来的名将。他是有趣、识得人间烟火、深明大义的人。他最重生命价值，也为生命的虚无而暗自感伤。他将农人的质朴、名门的出身、天生的孝子、职员的敬业……集于一身。

他的一生令人肃然起敬，又令人扼腕浩叹。他的名字叫麦克阿瑟。读他的回忆录，可借由他的慧眼观测历史的必然性，做时代的见证者。

他的观察，战争的小细节以精妙的比喻出之。巴丹保卫战时，日本“一支完整的双引擎轰炸机编队，在耀眼的蓝空中闪闪发光地来到了，在远处，它们看起来是向太阳投射去的银币”。

“巨大的波浪折磨着破烂的小船，飞溅的浪花拍击着我们的皮肤，像刺痛人的鸟枪弹丸一样……船只疯狂地颠簸，看起来像自由地挂在空间，又像要跳出水面，我记得后来描写这次经历，认为在混凝土搅拌机里做一次旅行一定是这个样子。”

阵地被日本空中轰炸后，“白色的兵营，一条混凝土直线，像一个玻璃匣子那样裂为碎片，屋顶上突出的马口铁的边缘，在一千磅炸弹的冲击下，像一个中国宝塔的飞檐那样翘了起来。金属碎片像五彩纸屑一样在空中回旋，令人毛骨悚然……铁轨和枕木卷成莫名其妙的图形……然后扫射起来，接着又轰炸起来……”这些都是不可多得的第一印象。

当菲律宾人民被置之不理时，麦克阿瑟坚强地和他们在一起。后勤和兵力是那样的薄弱，上千架飞机从装配线直接运往欧洲。麦帅恼怒了，“美国在为远亲欧洲人的命运苦恼不安，而一个菲律宾女儿却在后屋里遭日本强奸。”美国派出的大将为所在国争利益，真是不遗余力的，甚至不惜和本国政府搞翻，恨不能将心窝子掏出来。不惜谩骂祖国的高级官僚，仅仅是为了索要物资。不是爆炸性的事情震不醒国内的官僚。

他不平即“鸣”，如箭在弦，招来“忧患”，也顾不得了。他的脾气一直为后人诟病，那些苟且的洋笔杆子站着说话不嫌腰疼。不错，他是有脾气的，但更多的时候是谦和、仁慈、礼让；就算是脾气，也要看来由，伟岸的高瞻远瞩为小政客的鼠目寸光所断送，尚无脾气，那只是泥巴捏塑。即令他有虚荣心，那也是为创造自由而获得的成就感，为解放事业所乐意的付出，这样的荣誉人民愿意为之喝彩，愿意大量给予。试观其从日本解职回国的时分……老将军纵为身经百劫的严霜贞木，此时也不免热泪湿睫。

退却的时候，日本广播员东京玫瑰广播宣布，假若捕获麦克阿瑟，将在东京帝国广场当众绞杀。五年后，他作为盟军主帅，在预言绞杀他的地点，接受日本人敬礼。战争的年代，觉醒者当然也不在少数，但觉醒而能精辟阐述，大处着眼，并有能力旋转乾坤、钳制邪恶之盲动杀伤力者，则唯麦帅一人而已。

他对多场战事，有呕心沥血般的总结叙说，于大势则直指要害关节，直指自由的精义、生存的目的。文字体现的胸怀，则示人以至诚。他的满腔孤愤，哀痛莫名，让后世扼腕伤绝。

华盛顿的官僚并不了解东方，导致麦帅单枪匹马地为此奋斗了几十年，令历史上罕见的成果最终毁于一旦。他的远见卓识，也变成了时代残酷的玩笑。布莱克勋爵说："他就日本对太平洋地区的和平日益增长的威胁提出了警告。他在日本的进步的改革，无论从广度或深度上，都超过了华盛顿坐办公室的官员们为美国占领日本所描绘的蓝图。"

他对暴政有天生的憎恶与抵御。但美国国事为小人政客所乘，麦帅解职，投置闲散，锦策不用，世界大势就急转直下了。民众对自由世界的期盼，对奴役之路根本消除的事业，就毁于一旦了。他的事业为小人所折损，终告铩羽，都是正人不用、小人瞎指挥的策略一闪念而造成。焉得不谓历史太沉重！历史无情，杜鲁门彼辈，已成名副其实的骨灰而已，真是青山无辜埋昏庸。而麦帅的意义却愈加凸显，像永恒的星宿，在时间里面结晶，给混乱而迷茫的夜空增添希望。

人是生而自由的，但却到处都在锁链之中。他一生追求自由，不料想为无良无量之官僚所泥陷。他们忽视麦帅——或许更多的是嫉妒的故意。官僚不懂得居安必先思危，鼠目寸光，走向反面。这些官僚造成的态势后来被人嘲为"纸老虎"，真是咎由自取。

跟他的为人一样守本分，但是绝不头巾气，关键是始终光明磊落，正直朴实，而又大气磅礴。他的经典形象，沧桑而又生动凝重的面庞，才华横溢的演说，墨镜，玉米芯烟斗，傲岸如雕像。麦帅卓尔不群，敢怒、敢笑、敢骂。他有“一肚皮不合时宜”，然其仁厚慈爱，绰有端士之风，实在又是人群中不可多得的浑金璞玉。

他生于1880年，和中国民国初期虎扑狼咬的众多颟顸军阀同辈，甚至同龄，但他和他们有本质区分，眼界、境界、视界都有天渊之别，相去不可以道里计。麦帅头脑邃密，善将大势做精确把握，然后当临界点上，实施惊涛崩云的致命一击。他的一个固执观点常受“辨证”人物的批驳、质疑：他的终极目标——战争是为了胜利，而胜利是为了和平的实现、自由生活方式的建立。这之间葆有密切的逻辑关系，所以，他对那种半途而废的、不明不白的、因政客的首鼠两端而导致的窝囊战争切齿痛恨。

菲律宾解放恢复宪政后，其国发行了他的肖像钱币，上有铭文“保护人——解放者”，他被授予该国荣誉公民的身份。他自述那一天，他激动得热泪满面，这是他成年后的首次大哭。而他被解职后十余年，他在西点军校的最后演讲，以他独到的结构、浑成的嗓音，阐释国家、责任、自由的关系。他重视群体秩序，但肯定这个秩序出于个人的自由选择。

全场那些未来的将校们，纷纷泪如雨下。他的眼眶也油然湿润，但已无泪。当年军校最年轻的校长，这年已经八十二岁高龄了，就让年轻人哭一哭吧。他的结束语是：

“老兵永远不会死，他们只是悄然隐去。”

《麦克阿瑟回忆录》：上海译文出版社，1984年初版。

两张照片

年前，看到萨达姆的两个儿子，乌代和库赛惨死的照片，心中强烈震动。他俩因在城里顽抗，被美军围歼，弹如雨下，加上小型炮弹的轰炸，他们的死相很难看。两人都七窍流血，面目狰狞：库赛半脸乌青，大嘴开裂，像醉死鬼；乌代则头面肿胀，血污斑斑，嘴鼻处给弹片击毁，仿佛狗窦大开，又像病死的母猪。疯狂癫变的神情还在，龌龊凶暴的样子也还保留着。当年他们是何等的飞扬跋扈啊！而今安在哉？唯有一副赖皮狗毙死相，在那里丑恶地示人。

《参考消息》（2003 年 8 月 5 日）转《洛杉矶时报》文章，介绍乌代生前。一保镖说，他喜好美女、华衮、酗酒、跑车、美金，等等。在他奸污处女的时候，他喜欢让猴子在旁观看。他酗酒后，则喜毒打女歌手，常常手脚给打断了，发出非人的哀号。旁人听之，无不觳觫心悸，却毫无办法。他们两天一打人，三天一杀人。乌代更喜欢近距离向政治犯头部射击，一次可多至数十人。如果他看上女青年，则将其男友关进狮子铁笼，任其扑咬，瞬间躯体破裂，心肺流出而毙命……很多他们的刀下鬼，和他们并非有仇，甚至八竿子打不着。两兄弟兴致一来，即杀人取乐，其手法和动机跟历史上的巨奸大恶都有区别。他们坏得那样可恶，那样出奇，那样毫无目的的残忍。生命在他们掌控的国度，悲哀得失却意义。乌代行事则跳脱飞扬，思维则杂乱无章，荒淫恣肆，如饮狂药。即在其亲戚之间，也多有血腥内斗与屠杀。成千上万的人从肉体上被消灭。他们的胡作非为，真用得上一句中国古话：罄竹难书啊！

那些他们身边豢养的打手，也有良心发现、难以自持的，还得千方百计忍受下去；因为在其治下，基本上没有什么就业机会，不干就只有饿死。

也就是乌代兄弟俩死后，那个国家可怜的老百姓才敢感激涕零地出来迎接美国大兵，诉说当年的恐怖，好像翻身道情一样。

再看一眼他兄弟俩的照片，不免一叹。他俩既有这样的条件，又不能忘情于西方，何不学一点正常人的修为，即使不能造福他人，也不至于向死路上一味地钻寻。可惜至死不悟，造成国民的灾难。他们活着的时候，风驰电掣，恣睢狂狺。国家机器是他们的私器，更助其凶；到了恶贯满盈之际，还志在敛钱、志在集权，而先捐其身将往黄泉敛鬼之纸钱乎？戕害社会者，难免自戕；作恶者难免不遭报应。他们死得这样惨，或许真的有报应？然而，死亡，远不足蔽其辜。

他们的死相，经网络照片传播，真该多给那些横暴的凶徒预备，其作用，也许会大大超过苦口婆心的劝世文。

两个惊险镜头

郑蕴侠先生，1933 年毕业于上海法学院，累衔至国民政府国防部新编第一军政治部少将主任，及中央组织部调查统计局少将专员，长期从事特工工作，尤擅与郭沫若等左翼势力打交道。解放初，他逃台未果，1958 年被捕，后特赦，居贵州，为政协委员。其回忆录 1996 年始由四川人民出版社出版，颇多第一手珍贵资料。以在改革开放年代，故其所忆所思，较少顾虑隐忧，大可补文史资料之缺。

说起他的被捕，真是无奈而惊险。他本拟随重庆市长杨森一批东行逃台，途中被解放军地工人员截断，顿成覆巢之鸟，遂西行潜入成都。那时，军管会已控制全城，国民党防卫力量早已失效，兵荒马乱，一派树倒猢狲散的惨境。郑先生进入成都后，即化装为小商贩，正走在一条小巷，忽有人在背后拍他肩膀。他一惊伸手就到手挎布袋摸枪，不料那人立刻将其动作封住。原来那人也是中统局专员，也由重庆逃到成都。若非那人眼疾手快，手枪一亮出来他二人必暴露无疑。

他像无头苍蝇般乱撞，辗转数月。解放军逐渐控制大西南，使他从四川入云南外逃计划破灭，无奈返回川黔交界的一个叫濯水的山区小镇。此地民风异常淳朴。他以寻亲不遇名义被农民收留下来，凑些针线、梳篦就做起小本生意来。武器、证件早已处理掉，和原单位无法联系。这位在教育、军政、帮会、新闻……各界卓有建树的高级特工逐渐熟悉农活，后又当了会计，居然顺利度过土改、清匪、镇反等运动。直到 1958 年，某日卖杂货时与一早已投诚的重庆小特工狭路相逢。此人本非善类，他心里立刻有了不祥预感。此后，就有外乡人到此地东瞅西问，他知道这是被列入侦察对象的征兆。

这样过了十来天，某日清晨一位乡干事假装聊天，端着脸盆向他居所走过来，一边打招呼寒暄，一边就冷不防靠拢逼住，大喊“不许动”;同时房屋左右有多支冲锋枪伸了过来，顶住他的头、胸、背。郑先生淡淡一笑，对公安局领导说：“没关系，你铐上就是。”又对乡干事说：“小辈，刘（化名）叔叔凑合给你升个官。”次日交账，乡里给他做了“账目清楚，工作积极，曾获奖金三次、奖品五次”的鉴定。押走那天，路过县城大街，武装司押人员将近一个班的军警。县里的熟人惊讶不已，心想这个普通小贩、会计是什么人呢，“县里捕人从来没有这样戒备森严，为什么要这样兴师动众地逮捕呢？”

郑先生家学渊深，其父尊郑宗尧先生追随孙中山先生革命。他本人在特工部门工作中，保护了不少善良人民；人缘好，学问精，抗日战争中曾任军委会坚信通讯社社长，远赴中国驻印缅远征军工作，主持报道抗日战况达半年之久。他也不算潜伏人员，如果不是极其偶然的因素，他可能以一农民终其一生。特赦后，他曾由政协组织到各地参观，心中感慨万千，真是欲说还休。

飞虎队建立：荣誉与艰辛

抗战期间，飞虎队对日军的打击，具有重要的战略和战术意义。多个战争的转折关头，即由他们所扭转。然而飞虎队的建立，也颇费一番周折。

飞虎队的计划，最后得力于罗斯福总统的支持，以及民间的压力，包括陈纳德本人在内的军界中下级军官中有识之士的吁求（陈纳德本人这时还被空军高层劝慰回美，条件是提升他为地面部队少校）；但在军界，却被高级参谋人员掉以轻心地予以否决。他们嘲笑，不以为然。他们表现出傲慢的长官意志和官僚的短视。陈纳德说，和高参打交道是令人沮丧的日子。陈纳德的计划是，在一年内，建立飞虎队的构架：三百五十架战斗机，一百五十架轰炸机，次年再增加七百架战斗机和三百架轰炸机。

1940 年秋到 1941 年的夏末，他在美国活动。为了从海军和陆军挖走飞行员、地勤人员，最后动用了罗斯福总统的个人直接干预的办法。1941 年 4 月 15 日，总统签字的命令得以发布：允许预备军官和现役军人，先从陆军、海军及海军航空兵中退役，作为志愿人员赴华参战。

高参们的消极态度由来有自。第一次世界大战时，美国开始保持中立，在同盟国败相已露之际，参加协约国一方作战，取得战胜国地位。二战初，美国对战争持观望态度。德寇灭波兰等小国，继惩法国，再发动“不列颠之战”，猛烈打击大英帝国，此时美国国会仍被孤立主义所笼罩。罗斯福意识到战争已逼近美国，但他仍说服不了国会。他提出的援助英国的议案一再遭到否决。1941年10月底，罗斯福总统以特别情报示人，表示纳粹德国已把刺刀插进了美国的后院，战争迫在眉睫。民间更加群情激愤，要求国会和政府放弃孤立主义政策，参与战争，打击法西斯，确保美国的安全。在强大的社会舆论的压力下，国会内持孤立主义观点的议员才不得不作出让步。11月，美国国会参众两院废除了1935年通过的《中立法案》，授权罗斯福总统指挥对德公开战争，并为英国的运输船队护航。

美国的民意呈现两头积极、中间消极的状况。正是最高层的眼光、果断，基层民众的强大诉求，才得以扭转世界战局，取得民主对专制的胜利、自由对奴役的胜利。国防或行政系统的官僚如果人浮于事甚至堕落之际，就会失去人民的信赖。所以民意对他们的不作为是一种威迫，制度使其最终听信于民。这就是人类正义，所表达的是主权在民，它就是公民政治的表现。

飞虎队建立之初即表现出它的顽强巨大的生命力。这些来自军队各系统的飞行员，“他们在区域作战所取得的成就，是任何规模相似的同类飞行队无法企及的”。假如排除美式装备的几个中国王牌军，要靠本土的地方军阀部队抗击日寇，那几乎可以说是蚊子叮牛角一样，是个笑话。日本的华中指挥官高桥中将就曾说，他们在中国所遇到的抵抗，第十四航空队（飞虎队）给他们造成了百分之七十的损失。如果没有空军的打击，也许日本人能去他们想去的任何地方。

其简要的战报：从正式入华参战，将近四年的时间，飞虎队损失飞机五百架，击毁日机二千六百架，击沉日舰四十四艘，重创敌商船二百二十三万吨，击毙日军六万六千七百余人，炸毁桥梁五百七十三座……

美国的民间所具有的这种打抱不平的侠义气质，乃是强大民主国的先天和后天养护培植起来的不可多得的珍品。对世界的和平正义，终极关怀，尊重生命，奠定了强大的物质和心理基础。

即以上年末今年初吞噬了十多万生命的印度洋地震海啸劫难而言，美国动用庞大财力军力救灾，多达一万三千名以上的美军被派往南亚地区，救援军人十分卖力。航空母舰、空军的货运飞机以及海军补给船都参与其中（这次灾难所波及者，乃是散布在茫茫海上的无数岛屿，因此最重要之援助就是强大的海空运输能力），另有一千个床位的军方医疗船……规模之大，令人仰止。他们的慷慨和善意出于人道情怀。美国的援助从最初承诺的一千五百万美元急剧追加到三点五亿美元，但这个数字并没有包括他们所提供的食物、药品，以及航母、海军陆战队等救援力量。而在过去四年中，美国向世界的捐助不仅超过任何一个国家，而且超过联合国所有其他成员国的捐助总额！一般以为，如此巨量之捐款，或当来自富豪及大企业；然而事实令人惊讶——据统计，捐款中百分之八十来自个人，百分之七十是普通民众。

极细微处见不堪

1945 年 9 月，中国接受日军投降，成为历史性镜头，象征历史的重大转折。在南京受降之前，尚有芷江受降。它是中日停战后双方代表的首次接触，目的正是为南京受降做准备。

盟军方面的代表萧毅肃居中，左为冷欣中将，右为美军中国战区作战司令部参谋长巴特勒准将。日方代表是今井武夫，为日本中国派遣军司令官冈村宁次的使节。今井武夫，毕业于日本陆军大学，长期在日本军参谋本部中国课工作，抗战爆发后，参与策划成立汪伪政府，后任日本中国派遣军总司令部第二课课长、上海陆军部高级部长等职；战争后期任中国派遣军副总参谋长，襄助冈村宁次。

今井武夫证明，中国方面待他如真诚朋友，而不像对待战败国的将领。其中高参钮先铭少将态度谦恭，意在防止日军使节自杀。其余高参，以蔡文治为首，都对日本方面“表示深切的谅解”，“始终以武士道道德相待”。温暖、温厚、温情，怎一个“温”字了得！

更奇怪的是，参谋次长冷欣中将因为即将进驻南京，在芷江会谈中率先提出的，竟是要求日军以书面文件保证其安全。今井武夫先是吃了一惊，既而感到荒唐：战胜国的高级将领，竟向战败国的使节要求安全保证，既无意义又不自然，甚至滑稽。今井武夫就说：

“这种文件没有价值和必要，日军恭候阁下光临。”（《今井武夫回忆录》：中国文史出版社）多番解释,婉言劝慰,哪知冷欣还不罢休,“无论如何希望提供书面保证”。今井武夫当时心里嘀咕，以为国军八年中对强大的日军一直心怀畏惧，胜利并非自己取得，而是在盟军的鼎力襄助之下才侥幸名列战胜国之一。最后反复要求多次，竟达成：回南京后当以无线电代替书面保证。

就后来读史者观之，冷欣的这种表现，一方面有大局的影响，如今井所说，胜利来得侥幸，所以没有荣誉感；一方面呢，也有他个人的性格因素在作祟。小而言之，个人胆气萎缩，与高级军官身份不符，与战胜国使节身份不符。大而言之，影响国际观瞻，降低政府威信,贻笑大方。再说八年以来,一线部队浴血鏖战,矢勤矢勇，精忠惨烈，流无量颈血，死无数生命，而赢得惨胜的曙光，结果在谈判桌上，高级参谋人员是如此的瑟缩胆怯；而大城市泛起的沉渣以不同的番号前往接收，浑水摸鱼，掠夺财产，遂使国民政府威信一落千丈，频露失败的先兆。

当时，何应钦手下的高参，似乎都对日军过分客气，以致对方陡生疑窦，既而鄙视。假如当时调用前线战将，如邱清泉、胡琏等人如何呢？虽说职各有其司，以其强悍，以其学识，以其风度甚至脾气胆气，足以圆满应付，而予国人荣誉感，而予敌方信服感。而实际上，中方列席谈判的人员中，尚有汤恩伯、张发奎、王耀武、郑洞国、杜聿明、廖耀湘、张雪中、吴奇伟等高级战将，不过他们似乎没有发表个人意见的空间。冷欣的做派，在他们心中究做何种感受，只有天晓得。

反观当时盟军的代表——美军巴特勒准将，对日军使节，就是一副凛然不可犯的正大姿态。他没有多余的话，只坚毅地强调，被日方俘虏的美军人员应受善待，要求俘虏记录完整无误；并且愤慨地说：日方对俘虏如有不法待遇，美方必将采取严厉报复措施。他们的谈判是事务性的，且态度强硬，较之中国高参那种有感情的投入，真是天壤之别。

今井的回忆录中，还记载了前来芷江的途中，他和随员多人乘坐一架寒酸老旧的运输机，升空后竟发现机舱内尚有一挺轻机枪，遂赶紧投下，弃于洞庭湖烟波之中。进入常德上空时，六架美军战斗机将其包围，大约欲加威慑，在日机上下左右纵横乱飞，长达一个小时左右。日方人员都直冒冷汗。这更是美方态度的形象表达。

抗战时期任工兵司令的马晋三老将军说过，日本文化是，曲无正调，食无正味，人无正气，花无正香。对其文化三昧之概括，形象准确而深入骨髓。这样一种文化长养的军队，当战败之际，胜利方对之体贴入微，其效果必然是双重的滑稽。而其不买账甚至挑战的心理，必然是暗中又增一层；中国人素来有相逢一笑泯恩仇的预期，有以德报怨的传统，但在受降的洽谈会间，如此作为，实在沦于低三下四进而不三不四之魔道，而为敌人所鄙，为友人所惊，为国人所笑。

抗战中死于非命的国民党将领

抗战时期，重庆《新民报》副刊司马讦（程大千）的短篇小说《铁肺新郎》的开头是这样的："××部司令K，因惧敌误国罪被处死刑以后，有人在他的抽屉里发现了一封没有付邮的信……"(《重庆客》:重庆出版社,1983年）小说涉及一个具有旧文人笔下的"韵"、新文人所谓的"爱娇"的女角，是一个哀惋而恐惧的故事。作者将高级军官被枪毙事件写得很真切，在那时更见其典型意义。

抗战期间死于非命的国民党将领不少，如：段朗如、张德能、陈牧农等因作战畏缩不前被枪决；酆悌、文重孚(湖南益阳人，长沙市警察局局长)因长沙大火被枪决；胡启儒，黄埔军校二期，教导总队二旅旅长（1937年)，1942年夏因贩毒被处决；梅春华，少将，黄埔军校四期，第十八军参谋长（1940年)，1943年因私贩军队装备被处决；程泽润等死于渎职贪贿……

历史学家黄仁宇先生说"当时苦斗八年，空城计有之，苦肉计有之。至不得已时蒋枪毙自身亲信人员卸责"，又说蒋"是一个非常容易情绪激动的人"(《从大历史的角度读蒋介石日记》)。正是这种个人性格的偏执，造成一部分将领死于非命。他常常在公开场合叮嘱部下的"你们赶快的去死"，即是缺乏人性，至少是不严肃不负责的情绪话。

一

段朗如之死，上官云相有不可推卸之责。盖上官此人，成长经历就伴随严重心理问题。上官云相原本是孙传芳五省联军第四师师长，北伐时效忠革命，后参加淞沪会战。抗战军兴，第三战区司令长官顾祝同上将俾依长才，调他出任第三十二集团军总司令，负责第三战区浙赣线方面防务。其当旅长、师长之时，已养成功则归己、过则归他的恶劣品性，战况有利，则拼死追打；战况不利，拔腿就跑。段朗如也并不是贪生怕死之徒。这次南昌反攻战，刚到达预定位置时，段曾建议立即发起突击，因此时日军立足未稳，兵力只有一个联队，尚未部署完毕。可是上官不同意，说是有你打的仗，等着。较早前的万家岭战役时任第七十四军军长的俞济时，是蒋介石的奉化同乡。俞亲临前线时，段朗如师长表态一定坚守。俞夸赞道："像这样勇敢应战、忘我牺牲的将领，实在可贵。"岷山一战，伤亡最惨重的是该军第七十九师。

等到阵地前的日军已经增加到一个旅团，上官却下令强攻。段说："进攻是要进攻，但仗不是这样打法。"上官闻此大怒："段师长，你说什么！你要负责的！"段不得已，组织突击队，但他手下的一个黄埔四期生临阵脱逃，不知去向，整个计划被打乱，突击队完全暴露在日军夹击之下而无还手之力（《闽浙赣抗战》：中国文史出版社）。

南昌反攻部队很多，查阅当时的战斗序列，起码有近三十个师。其中，上官云相以集团军司令官名义指挥第二十九军，军长陈安宝。

阵容很大，竟有六个师的番号和实力。段朗如的第七十九师即属于该军主力。段组织突击队失手后即遭逮捕。陈安宝军长意图息事宁人，想以作战不力为由，将其免职了事。可是上官云相却以个人芥蒂决定杀其头推卸责任。他对战区参谋处等高级幕僚的营救以要赖应之，说是不杀段，他就不抗日了！于是段朗如死于非命，罪名是畏缩不进，谎报军情，贻误战机……

结果陈安宝只好亲自指挥第七十九师进攻南昌附近的莲塘，遭遇强大的机械化装备的日军反击，很快全线溃退。陈军长卫士死伤散尽。他因为负重伤，又身材胖，跑不动，日军追上后竟割下他的头颅带回南昌炫耀。几天后部队才在稻田里找到他的尸体。

陈安宝毕业于保定军校，资格既老，为人也实在厚道，天性不会耍滑头。他作战沉着大气，对下级也相当宽厚。段朗如死后，陈安宝亲自指挥第七十九师，牺牲得很窝囊。整个抗战期间，国军损失二百余将官，以陈安宝、张自忠、郝梦龄三位军阶最高；时间是1939年初夏。

二

长衡会战（实际即第四次长沙会战）的衡阳方面。1944年夏，长衡会战战至最后关头，无奈诈降的第十军军长方先觉引至物议纷纷。其实，他在第二次长沙会战（1941年）中就差点被蒋介石处决。据当时第十军预备第十师政治部科长的回忆，部队从株洲向湘北移动，和日军全线接触后，被敌人以优势骑兵突击，很快败北。会战后的作战检讨，蒋介石要处理第十军军长李玉堂和第十师师长方先觉，幸亏看到友军缴获的日军作战地图上标示日人有近四个师团的兵力，他才转变语气说："现在证明，预十师阵地前有三个半师团的兵力，就是铜墙铁壁，也难以阻挡敌人的前进，能抵抗一天，还算不错。"（《湖南四大会战》，第 156 页）但蒋介石这样讲道理的时候还真不多，对部队将领的处理就全然视其心情：心情好，则情绪通达，有话好说；情绪受阻，他就草菅人命了。

同样参加第二次长沙会战的精锐部队，第七十四军为王耀武所辖：第五十一师李天霞，第五十七师余程万，第五十八师廖龄奇；第四军为欧震所辖：第五十九师张德能……其中，余程万后来在常德会战中几乎被蒋判死刑，张德能在第四次长沙会战后被蒋下令枪毙，廖龄奇即在本次会战后被判死刑。

本来第七十四军是抗日铁军，能征惯战，机警过人，也大胆沉着，可是老虎也有打盹的时候。在第二次长沙会战中，正当他们向北移动的时候，日军倾全力做侧翼包抄。当时的第九战区参谋长赵子立说"当然运动中的部队比占领阵地的部队容易打"。第七十四军还在行军中，日军的骑兵眨眼工夫就分几路冲来了，立足未稳就被日军打得落花流水，以廖龄奇第五十八师垮得最厉害。从战区长官薛岳到大本营的老蒋，极为震惊，战役结束后立即召开检讨会议。战区的意思是要将失败的责任归咎于第二十六军萧之楚（属第二十七集团军杨森指挥），要求严惩。但蒋介石没有处分萧之楚，却把第五十八师师长廖龄奇枪毙了。蒋亲自在军事会议上宣布其死刑，罪名是临阵脱逃。黄仁宇先生说："廖死留下遗书三封，一呈其母处理家事，一致表弟请结算师部账目，一嘱其妻改嫁。"并请将遗书送蒋备阅。黄先生说，这和蒋本人与其直系亲属的融融家庭欢乐"形成一个尖刻的对比”(《从大历史角度读蒋介石日记》)。

同期被枪毙的还有第九十七师师长傅维藩，他是胡宗南的部下，罪名也是笼统的“作战不力，自动后退”。

长衡会战的长沙方面。1944 年 6 月中下旬，守长沙的是张德能军长。先是岳麓山（一个师）失守。守城的（两个师）见此，已经草木皆兵。城内部队失去依托，只好自发突围。某日一卫士醒来，见外面江边上官兵纷纷往衡阳方向逃散，便赶忙推醒张德能。张勃然大怒，冲出去欲加阻止，对于彻底混乱的部队，其效仅如微风撼大厦。

兵败后，张德能与战区参谋长赵子立一起被抓到重庆，虽有军法总监何成浚为之开脱说项，但无济于事。赵子立的命保住了，因他说自己受战区长官薛岳的排挤，实际被剥夺了指挥权——离开战区总部，无法指挥长沙守军。赵还向王耀武说，在守卫长沙问题上，他和张德能军长意见分歧：张军长固执己见，置主力于城内。他虽身为战区代参谋长，但并未履行职权，也未能指挥长沙守军作战，望王耀武千万将此情况报告蒋委员长。最后，上边给的结论是：在长沙作战中，赵子立被张德能架空，未负实际责任；薛岳也不能这样使用一个战区参谋长，因此赵子立无罪释放。而张德能就没有这样幸运了。赵子立、王光伦的《长衡战役》是这样解释的：衡阳失陷后，蒋要将部队拉向西边的重庆方向为他保驾，薛岳要将部队向东边长沙方向拉。蒋对薛是一头火，逼迫军法总监判处张德能极刑。这样，张就做了薛岳的替罪羊。

衡阳会战的守军，第十军方先觉军长得到的却又是不同的处理结果。他虽然抵抗了四十多天，最后却树起白旗，不久竟被日军安然释放，事多蹊跷，疑窦丛生。与其相比，作战失误的却被杀头。人们不禁要问，抵抗有期，就有资格投降吗？其实，这是老蒋指挥系统紊乱的结果。对作战失误以杀头处理，成为一种习惯，无形中，在其潜意识的心理层面，就以此作为一种标准，不杀反而奇怪。

胜败乃兵家常事，拿破仑尚有滑铁卢之厄运。方军长置身难以想象的残酷战斗中，打到几乎全军覆没，确实不应求全责备。但重庆的大本营的双重标准，事实上造成了部队将领的隔阂。第七十四军抗战以来，打过多次苦仗硬仗，虽然在第二次长沙会战中一触即溃，但这是有其原因的，失在战略，不在战术，可是却拿了一个很出色的师长（廖龄奇）来祭旗。这样的处理，在在表明大本营的心理脆弱、头脑混乱。

三

1944 年夏秋之际的桂柳会战。日寇陷长沙，破衡阳，直逼广西，且其为了最后的挣扎，开辟大陆交通线，乃由湖南、广东两个方面，向广西发动大规模进攻。陈牧农的第九十三军守全州，为桂林门户。9 月 8 日，第四战区司令长官张发奎上将从桂林来到全州，与陈牧农军长一起，视察了黄沙河防御阵地：其正面的敌情是日军第十一军主力，很快推进到全州。该地区部队的部署，蒋介石用的是老办法，直接安排到军一级。当战区司令长官询问时，发现“这是委座所规定”并出示其手令——“死守全州！”结果，日军一个师团的先头部队向其阵地发起攻击，即轻易突破第九十三军黄沙河防线。陈牧农做一象征性抵抗后即退出，全州一天后即告失守，城内火光冲天，部队溃散。张发奎异常震怒，要求蒋介石严办陈牧农。蒋先令扣留以待法办，但三日后即令就地枪决。桂林防守司令部司令官韦云淞负责执行蒋介石的命令，由总务处长韦士鸿带人前往第九十三军把陈牧农抓捕,押解到桂林枪毙。能征善战的黄埔一期生陈牧农就以“放弃全州”罪，毙命于桂林（《粤桂黔滇抗战》)。

据当时第四战区参谋处长李汉冲的回忆，蒋介石确有密函致陈，“在桂作战……以我的命令为依据”。张发奎了解此内情后，反而向蒋要求宽大处理。可是该军副军长为扶正,陈情于蒋,蒋恐暴露其私，乃迅速灭口。另外一种说法是长衡会战时因长沙失守被杀的张德能系张发奎旧属、远亲。张发奎为了报一箭之仇，借机枪毙一中央军军长。李汉冲对此矢口否认，认为张绝无杀陈之意，只是想将他撤职查办而已。

可是据当时桂林防守司令部副参谋长覃戈鸣说,陈牧农死前（由桂林防守司令部负责枪毙）曾哀叹：“张长官害了我！没有什么话可说。”(《粤桂黔滇抗战》) 所以覃戈鸣认为这是蒋和张发奎共玩的把戏，牺牲一个中央军军长，来震慑桂林地方部队。

老蒋这样做的目的是诱导地方领袖加入他的抗战计划。这一带有很多白崇禧的桂系和张发奎的粤系部队，威慑的作用是有一些，可是对整个战局或民族心理的凝聚，其作用是微乎其微的。

四

第七十四军历史上，两个极为出色的学生师长，一个在蒋介石的批示之下，做了枪下鬼；一个也是在蒋的批示之下，命悬一线，黄泉惊魂，其经历叫人扼腕。他们就是廖龄奇和余程万。

第七十四军从淞沪战场撤出后，又匆匆投入南京保卫战。南京沦陷后，第五十一师奉命突围，全师撤至浦口仅存四千人。其经补充先后参加徐州、兰封等大型会战，在兰封会战中予日军第二师团重大打击。1941 年 3 月，第七十四军参加上高会战，重创日军第三十三、三十四师团，战史誉为“开战以来最精彩之作战”。

1939 年 6 月，俞济时升任第十集团军副司令兼第八十六军军长，第五十一师师长王耀武升任第七十四军军长，第七十四军下辖第五十一师（李天霞）、第五十七师（余程万）和第五十八师（廖龄奇）。

1943 年 8 月，日军纠集七个师团约十万人进攻常德，常德城的外围战于 11 月 18 日开始打响。日军进而纵火烧城，火势蔓延，又放毒气。五十七师近万人在一片火海中孤军奋战坚守常德城半月，以血肉之躯抗击了日军陆空的协同攻击。日军将常德街道逐排、逐屋地层层爆破，篦子一样向城内推进压缩。第五十七师在日军猛烈炮火甚至释放毒气的情况下仍死战不退，日军不得不围三阙一，放第七十四军一条生路。十几天后，余程万偕二百余残兵，突围出城。其余官兵与突入城内的日军近身肉搏，全部壮烈殉国。

常德会战后，蒋介石以常德失守，余程万最终撤出阵地为由，指责他没尽到守土保民职责，下令撤职、扣押，送交军法处审判，并指示要将余判死刑。蒋在其日记中扬言将亲自审问余程万，后经军委会高层力保解释，蒋介石才将死刑改成撤职，令其回前线戴罪立功。

六天后余程万又随各增援部队反攻常德，即收复之。大作家张恨水先生以常德之战写成第一部正面战场抗战长篇小说《虎贲万岁》。常德百姓为纪念忠魂，自发募捐，于1944年3月在市郊东侧修建占地达三万平方米的阵亡将士墓地，作为永远的纪念。

程泽润之死，则与上述将领略为不同。负责征兵的兵役署长程泽润，原属湘军系列，参加过江西剿共。他在抗战初期，编写过抗战训练教程之五的《兵役概论》，32开，138页码，用重庆草纸印刷，内容涉及征兵制与募兵制、各国征兵制之概况、我国兵役制度之沿革、国民兵役，等等。孔祥熙给四川袍哥范绍增透露的消息说，蒋介石嫌四川袍哥势力尾大不掉，拟杀一二龙头老大压制之。不久，蒋介石就恰好在重庆郊区目击新兵被绳索捆绑的悲惨际遇，于是问罪于兵役署署长、四川袍哥程泽润。蒋介石枪毙了程泽润，意在敲山震虎；但不料四川甚至湖北、云南、贵州等省的袍哥都动员起来，几十万袍哥试图闹事。经范绍增与杜月笙出面斡旋，并以抗日危局相威胁，很费周折才摆平此事。

民国大事记显示，1944年8月，兵役署长程泽润以不理于众口，免职，由徐思平继任。1945年夏，程被执行枪决。

五

抗战初期的“长沙大火”后被诛杀的酆悌，自有其多面性。他一度跻身十三太保系列，外界视为老蒋的内层亲信。可是他在“四一二”清党时节，放走共产党要员，也曾包庇“刺汪案”的策划者、中共地下党员华克之。

1938年年底，国军军警奉令在长沙城内外纵火，实行所谓的“焦土抗战”。大火既起，老百姓慌不择路，争相出逃，拥挤践踏，死伤甚巨。十几万间民房商店也在一夜之间化为灰烬。寇锋未到，而阵脚已大乱，国内舆论哗然，重庆当局极度愕然。在国人的痛骂声中，蒋介石便拿酆悌做替罪羊。12月18日，蒋介石下令枪毙“长沙纵火案”的三个当事人：长沙警备司令酆悌、保安团团长徐昆和长沙市警察局长文重孚，以稍平民愤。蒋介石在酆悌的判决草案上批道：“酆悌身负长沙警备全责，疏忽怠惰，玩忽职守，殃及民众，着即枪毙。”

通常以为，“长沙纵火案”的幕后指使者即蒋介石本人——解放后张治中披露了这个特急电文(《张治中回忆录》：中国文史出版社)。而黄仁宇先生否认，认为蒋当天离开长沙，当晚就发生火灾，总策划乃张治中本人，执行者正是酆悌，所以他死得并不冤枉。酆悌等人若真是对此有看法，完全可以抗命或出走，或等民众悉数迁移出逃再予执行也可。他们误信流言，比底层的老百姓还急躁无知。也许这些人理解焦土抗战全然是就字面意思来诠释扩展，他们的灵魂让失败主义弥漫占据。

当时的社会结构确乎没有支持现代化军队的能力，但在统帅本人，其性格、指挥方式仍有很大转圜余地。此种镇压更多在显示主官的行政威权。此类行动如事实昭然，事主实有公愤，行止背叛家国，杀之当有正面效果。反之，必在同行中造成潜在逆反心理，隐然有抗拒或阳奉阴违之心，结果往往是给对方或第三方诱导利用之，为渊驱鱼，为丛驱雀，大开方便之门。所谓“攻守之势异矣”，国家、政权的运势，就在这当中流变、逆转。

攻守之势，说来应变之法多多。在桂柳会战之时，美军派来观察的联络组就对第四战区的高参说过：“死守在城里，等敌人来围攻，我们美国没有这种战术。”

陈铭枢曾经是反蒋的先锋，后来他也到了重庆。在对美国观察员诉说心迹时，他表示，自己依然敬重蒋公，但对蒋公不经开庭审判而判处将领死刑，始终无法接受。

有一个笑话：甲、乙二人商议合本做酒，甲对乙说：“你出米，我出水。”乙说：“米都是我的，如何算账？”甲说：“我决不昧良心，到酒熟时，只还我这些水就算了，其余的都是你的。”老蒋为人，对别人或有收敛，而对他的这些“学生”，他的这种“甲方出水”心理，也像涌地之泉，想掩饰都难！这些事情叠加起来，也就影响了历史。

孙立人二三事

名将失和影响幕僚作业

杰出的幕僚，在于及时把握良机，营造大气候或小气候。名记者陈嘉骥亲眼观察到杜聿明、孙立人失和的前前后后。名将意气用事，导致纠葛丛生，遂将幕僚作业挤压到失却原有弹性的限度，难以再生。

孙立人晚年的悲剧，实在也跟他恃才傲物、矜才使气有所关联，使其在争取同僚信任同情方面丢分不少。他以为美国人对他支持到底，实则这种想法甚为虚飘。而杜聿明虽有一定才干，但也是心高气傲，这样在一起暗中较劲，真是自毁门墙。

1946 年初到东北，两人首先因长春警备司令一职而生芥蒂。杜聿明属意廖耀湘，而孙立人认为非他自己莫属。然而廖耀湘的任命已经发表。孙立人坚持认为，新一军虽然出关较晚，然抵达东北后，一路上追奔逐北首先进入长春，长春警备司令一职，无论如何也不应由新六军军长廖耀湘担任。争执的结果，最后还是杜聿明让步，改派孙立人为长春警备司令，从此两人嫌怨已深，肇致了日后的公开决裂（陈嘉骥 :《杜聿明孙立人失和始末》）。孙、廖这两位曾在异乡并肩抗御强寇的同僚，因此失和而对立，实在令人扼腕。

其次，孙立人认为他不是黄埔生，感觉受歧视。杜聿明则认为孙立人自恃为美国军事学校毕业，崖岸自高，其心目中除了美国人以外并无本国首长存在。

再次，孙立人推崇机动战术，迷信高机械化的战力。杜聿明对孙立人不认真执行命令甚为恼火。

另外，杜聿明心中认为孙立人最不可原谅者，是当他在农安被围之际，几乎被俘，而孙立人在长春视若无睹。孙立人则说，新一军其时正在艰苦作战中，并非坐视不救，乃因备受纠缠一时无法出击。

后来，杜聿明召开作战检讨会议。会议席上，杜、孙两人又发生严重争执。散会后，杜聿明立派首席幕僚赵家骧专机飞往南京，报告种种隐曲。赵家骧自南京返沈阳后，南京方面立刻发表孙立人调任东北保安司令部副司令长官，其所遗新一军军长缺，由潘裕昆升任。

陈嘉骥当年采访孙立人，记得他话语间牢骚极大。譬如孙立人指摘说,他们在东北指挥,扭转局势很难。如想挽救四平街目前战局，只有一条路好走，“但说出来，杜聿明也不敢去做”，就是命令长春与吉林所有部队，现在立刻以全部力量渡松花江去打哈尔滨。因为林彪所有力量全部集中四平街附近，哈尔滨等诸空城；果能如此，四平街之围自然可解，但他认为杜聿明绝无此胆量。

记者就问:如这样一来，长春、吉林等地再丢了，不更糟了吗?

孙立人答：你这想法与杜聿明的想法可能一样，你是新闻记者，当然难怪。杜聿明就是一向这样畏首畏尾，所以坐失许多良机……

我们需要的是战胜而不是死拼，作战最忌畏首畏尾。

重要将领失和情形，被林彪打听得一清二楚，于是他便大胆地在东北施展陆上“跳岛”战术：越农安打怀德，越长春打四平，越四平打铁岭，越沈阳打锦州……终致席卷了整个东北。

杜聿明与孙立人的先后离开东北，象征二战后东北全盛时代的结束，也标志了混乱失败时代的开始。

孙、杜因各有腹稿而失和，又有邱清泉、胡琏的意气用事而尖锐对立。

徐蚌会战前两年，整编第十一师胡琏的部队一度拨归第五军邱清泉指挥。但为了前线部队的调配问题，两人产生裂痕。胡琏的部队原有一个团在鲁南张凤集、张表集之间布防，因为不知听邱还是胡的命令，方犹豫间，这个团竟被解放军全歼。这对两个王牌军的长官可谓极度难堪，既无法向社会交代，对友军也说不过去，两人遂有指责对方之意。双方的隔阂必然影响整个战局，于是他们两人的共同上级王敬久赶紧来斡旋。但王氏也不大惹得起他俩，只好召集双方的作战幕僚全体参加调解。吴思珩说：“我当时任军政治部主任兼机要室主任，在会议时担任记录。战地房子极简陋，会议开始，胡琏从张表集赶来，一进门，邱清泉很客气地称呼他‘伯玉兄’，胡琏也称他‘雨庵兄’，双方客客气气，不幸渐渐谈到这一团不靠拢的问题，双方都动怒而直呼其名，邱说:‘你胡琏怎么样！’胡也回他:‘我也不怕你邱雨庵邱清泉！’先是呼号，后是呼名，双方皆大拍桌子，情势僵极了。王敬久很下不了台，给双方各说好话，我们也拉的拉，劝的劝，否则几乎打起来。当时的阶级邱是中将，军校二期，胡是少将，军校四期，但各有各的根……关系更形尖锐化，从此这两个沙场名将各自分道扬镳。内部力量自此分化，对于此后战局的全盘失败投下浓厚的阴影。而国防部也妙得很，事后只把第十一师划归第六绥靖区周磊指挥，对此项纠纷，没有处置，也不问是非。中原作战以徐蚌的失败了结，其失败的前因种在两个关键。”（吴思珩：《徐蚌会战的序幕》）

以上各位，似乎都是才气有余，脾气过剩，而谦让与情商不足，拍桌子打板凳，出言不逊，针锋相对，不稍假借，情绪对立进而影响大局。

但在美军将领中，却全不是这样。他们的矛盾也是随时随地产生，譬如二战结束时，盟军接受日本投降，就让盟军最高司令麦克阿瑟主持仪式。海军听到这个决定，马上就不高兴了，整个太平洋战争期间，海军的阵地要宽泛得多，凭啥由陆军出身的将领来风光显要呢？各有各的头目，各有各的人马，事情闹到总统那里；还有接受投降签字的地点问题、本国部队兵种旗帜问题、麦帅和同僚太平洋战区司令尼米兹的关系……都是紧急关头的一团乱麻。然而美军的智慧和胸襟确乎超人一等。他们很快找到化解矛盾、从焦点切入找到皆大欢喜的转圜办法，不特不会出现要对方知道马王爷有三只眼的自大膨胀，且更不会恶化成阻碍大局的负面因素。甚至恰恰相反，矛盾一出现，马上靠智慧和情感、乃至趣味来化解：麦克阿瑟签字用了五支笔。亏他想得出。这样佳妙高岸的灵机一动，反而造成了自由精神的蔓延，是一种双赢的你好我好大家都好！笔力惊艳，结构天成，事功声名，皆大欢喜。

曾国藩作为纯文人出身的大军指挥官，可论之处实在太多，但具体他对部队的建设而言，有几点是不可忽略的，比如当时的绿营不能打仗，原因很多，致命的是军纪败坏、待遇极低。所以民间说“好铁不打钉，好男不当兵”。曾氏即针对这些下手，将湘军的饷额待遇加倍提高。另外他虽然说打仗重在精神的修炼，但实际上他对武器的制造，尤其对于杀伤力巨大的大炮的制造都是煞费苦心的。他四出网络幕僚人才、技术人才、练兵人才，自己则常往阵前督察检阅。其所作为，乃属高明而必要。所以蒋介石推崇曾国藩，非常赞同他的一个观点：“湘军之所以无敌者，全赖彼此相顾，彼此相救，虽平日积怨深仇，临阵即彼此照顾，虽上午口角参商，下午仍彼此相援。”

这确实是极有眼光的体察，也是部队葆有战斗力的关键之关键。

李天霞不救张灵甫，李玉堂不救马励武，邱清泉不救欧寿年……可以看见国军的许多恶习，导致意想不到的惨败，令人难以相信的惨败。马励武的第二十六军，也是从滇缅战场历练归来，颇有风雪血汗精神，败北之际，那样的迅速，那样的不明不白，那样的心有不甘。作为将军、谋士，不少人赫赫有名，在特殊的大时代造就其盖世的本领、过人的睿智，但他们都接二连三地铩羽折损、陨落凋谢。

在总体战略捉襟见肘、畏首畏尾的情况下，某人不施援手，他甚至也有很多理由。这样的境况下，再优秀的将领，再杰出的谋士，也都无济于事。

孙立人悲剧：幕僚不成气候

孙立人后来在台湾走入人生弯路，陷于举世闻名的冤案之中。他在 1955 年秋被软禁，直至 1988 年恢复自由，后半生委屈凄凉。这固然跟他与黄埔系斗法渐处劣势有关，但他的悲剧，更与两个因素有密切联系。

一是他的性格，一是他的幕僚不成气候。

1944 年，史迪威因和蒋先生闹别扭，矛盾激化，导致史氏解职回国。其后孙立人曾以中国军官的名义发动上书罗斯福总统，要求让史迪威重返中国，这些都是超越职责、混淆名分的举措。此与智力无关，纯系性格瑕疵使然。另外，他在黄埔系将领面前崖岸自高，不把他们放在眼里，但他在蒋先生面前却很怪地是一副软乎乎的样子。当他的助手、部下纷纷被立案时，有人希望他站出来讲讲话，偏偏孙立人就只敢说：“老先生正在气头上，等过一阵子吧！我会找机会告诉他。”他这一等，他的部下就陆续被投入囹圄甚至毙命刑场了。谷正文说：“孙立人的态度强悍，在同僚间算是小有名气，连陈诚都吃过他的排头，更别提彭孟缉之流的人物，然而，一站到蒋介石跟前，他却又软弱到了极点。”这的确是对他性格另一面的生动写照。

他的悲剧的另一因素，就要说到他的幕僚不成气候，因而耽误大事了。

谷正文《彭孟缉导演孙立人叛乱案真相》肯定地说，孙立人的悲剧，“除了他个人对中国官场惯例了解不够透彻之外，幕僚人员能力不足也是重要原因”。他手底下的军事人才还过得去，文人部分，孙立人全赖陈石孚、徐复观两人主事。此外，曾任北洋政府内阁总理的许世英，也是他的重要咨商人员。

许世英是北洋老官僚，行政经验极为丰富，曾经做到国务总理之职。孙立人是他的同乡晚辈。专责调查孙立人案的九人小组，他也是成员之一。陈石孚是大学外文系主任，并兼任《中国邮报》总编辑；而徐复观则为哲学美学学者。三人之中，大约要数他对中国政治模式最为了解。

孙立人与许世英为远房亲戚，就亲属辈分上来讲，许世英是他的同乡。不过，孙立人对他并未特别倚重。而陈石孚、徐复观两人，蒋经国对他们的评语是："想做官的文人，无聊！"在谷正文看来，老觉得这两人充其量不过有如三国时代的蒋干。蒋干虽然"有仪容，以才辩见称"，却总是以迷糊为聪明，常将要事办砸。

整个事件的演变，远超乎孙立人的想象之外。他原来只想顺利坐上参谋总长的宝座，岂知竟演成兵谏，而毁去半生前途。

这些人大多保有个人野心。有野心，并非全是坏事，但核心幕僚长的政治艺术是行止韬晦，政治才干决不显山露水。不料这班人成事不足、败事有余。孙立人的悲剧，大半与其幕僚息息相关。

对于孙立人，蒋先生日记显示，他并非不愿用他，但是"吴（国桢）、孙屡屡挟外（美国）自重"，蒋先生笔下对此多次痛斥。另外美国的蛋头官僚做事有眼无珠，对中国传统及人际关系两眼漆黑，却在那里乱画蓝图。1950 年春，中情局一份机密报告称："近几个月的报道显示，受过美国教育、现负责台湾防务的孙立人，正计划发动政变，俾使蒋介石成为有名无实的领袖，且铲除其亲信。"这些设计都和现实相当疏离，对中国的前途并无善念。也即说，其所设计，看似高明秘密，其实乃中材下驷在那里运作筹划，结果是欲盖弥彰。即一班专业的或外围的幕僚，有眼无珠，学问素养跟不上趟，搞得满地荆棘，乱出主意，宕延事机。碌碌庸才，承平时节尚可吹吹牛皮，遇到转捩关头就不免丢人现眼，难怪蒋经国要不屑地说道："想做官的文人，无聊！"

足智多谋

——高级幕僚俞大维的大将风范

他说，防务长官的办公室永远在前线。

他是抗战期间中训团十数万人的兵器运用总教头。他是神射手，曾经远距打中一飘空的活动气球，令丹麦军火商目瞪口呆。

他身先士卒，冒险犯难，经常和下级飞行在风高浪急的海面上空，在高厚的云幕层中穿行，多次面临生死存亡的考验。

他是功夫深沉的弹道专家，闻泥土而知炮弹来历。

他是数理逻辑的专家，听过爱因斯坦的课程。他在20世纪20年代中期的论文《数理逻辑问题之探讨》，发表在德国最著名的数学杂志，是在该杂志发表论文的第一位东方人。

他对现实中危急存亡之秋的伟大的爱国者，表现深沉的敬意。他也有他的英雄崇拜情结，景仰饱经忧患、屹立不摇的伟人。

美军史慕德中将赞美他：俞大维先生是一位令人仰慕的君子，一位令人惊奇的思想家，为期平生所遇最有学问者之一。

他多次出生入死，也曾碧血染征袍。

他每年都要两度到慈湖，向蒋先生磕头，一次是清明节；一次是秋季，蒋先生的冥诞。他一边磕头，一边痛哭流涕，感戴蒋先生的知遇之恩。

晚年，他预感生命将要走到尽头，要侍从参谋备齐他童年读过的经典，预备全部温习一遍；然后，他说：读书人要收摊子了！回顾他雄奇险峻的一生，他说：我没有交白卷！

他就是民国书生俞大维——一位伟岸深沉的高级幕僚。

在哈佛读书期间，和俞大维往还频密的是他的表哥陈寅恪。傅斯年尝言，陈寅恪和俞大维是中国最有希望的读书种子。他们在不同的领域，各为苦难的中国读书人放一异彩。

1944 年秋季，俞大维参加中美联合参谋本部，和接替史迪威的魏德迈共事。因为相同的求学背景、相近的性格特征，两人结成莫逆之交。

俞先生在参谋本部，倡导事件及时办理，即来一件办一件，要求僚属服务到家，具备主动解决问题的参谋作业本领。

参谋长魏德迈，每天上午准时举行参谋会报，讨论问题、缘由、办法，简捷干练，时间多在一个小时之内。先由各单位汇报，然后是讨论罗列各种办法，最后由参谋长裁决。拖拖拉拉踢皮球那一套在这里是绝对不存在的。

俞大维和魏德迈都是留德出身，且时间相近，求学于德国国防参谋学校。这家学院是所谓千锤百炼的“鬼精灵”高级参谋养成所，学业负担很重。魏德迈一度劳累至几乎吐血，多亏他的德籍夫人百般鼓励，才没有中途辍学。在公共场合，俞大维和魏德迈说英语；私底下，他俩都用德语交谈，心有灵犀，全无挂碍。

不论是在兵工署，还是交通部任内，俞大维和僚属、员工商量工作，谈话都采用研究、提议的口吻，对方则如沐春风。如有未周之处，他就会说：假如这样改进，也很好。大家就知道这是他所不满意的地方，等他走后，大家就会自动改进。

官吏的道德素质状况不仅直接影响国家的行政效能，而且对整个社会的道德状况产生广泛影响。他以规矩共遵和素质提高并举的方式，塑造其高尚的职业道德，忠于国家、忠于职守、勤于政事、办事公道；又在行政过程中养成官德，也就是权力道德，如清正廉洁、诚实无私、遵纪守法等。他领导的部门，一度成为行政机关的楷模，前来学习观摩者挤破门槛。

所以僚属在他手下，养成良好的习惯，交代的事情，能办不能办，一定要有下文。

长期抗战得保枪弹无缺，俞大维功莫大焉。

抗战军兴，所有的兵工厂在俞大维督运之下，由人背马驮，爬山过坎，转运西南，然后披荆斩棘，凿洞开工，加班增产，创造了罕见的中国式奇迹。兵工厂，到了抗战胜利，已有十八所，分布在西南各省，除了直接生产武器，还有机械、化工、冶金、光学等的研究及生产。

俞大维颇能审时度势。他看到当时日军武器虽然整体上优于我国，但假如两军在三阳线——洛阳、襄阳、衡阳拉开作战阵势，则日军的重兵器将失去作用，而我军兵工署所造迫击炮、机步枪在抗战后期，其性能已优于日寇武器。如此则掌握胜算之主动。

技术上他引进生产线，管理上推行现代企业管理，改组兵工署，成立技术、制造、军械三司，整合全国各兵工厂，使用技术专才，积极培育储备人才。火炮方面，为因应抗战期间的艰苦条件，他选择迫击炮为主要目标，改进至人力可以背负的曲射弹道，以适应部队在山地使用，打击日寇。为了大量生产，并使零件能够互换，他改进翻砂技术，使铸铁弹体之炭粉球状化，这样易于在简易条件下大量生产，满足抗战时期的消耗要求。

炮兵所使用的火炮、大炮，则使用买炮、造弹政策，同时加大零配件生产力度。当时制式兵器的生产力度，已达到每月装备一个步兵师的目标。

他到兵工署就职，第一把火就是订立对外招标的黑皮书。以计算成本作为招标签约的依据，并规定任何采购案，承包商不得向承办单位赠送财物，否则全案作废。此令奉行，立即杜绝原先军火采购中贿赂公行的流弊。管理方面实施了技术提升、成本核算和兵工会计制度。到抗战前，更建立了弹道、光学、冶金、精密技术等多个研究所。他还在抗战之初，在各兵工厂实行福利社会的一套方法，成立眷村及子弟小学。

交通部任内，他移植了中美联合参谋本部的工作方法，随情势的变化，布置大型图表室，配属通信系统，设置通信网络，再加译电、分析、审阅等功能，使图表变成动态。交通的进步立竿见影。

每天的早餐汇报，两个小时内，要把全国交通的有关事项，分配或解决完毕，先是报告，接着协调，然后裁决。其余的中高级干部，多在欧美接受过教育，术业有专攻，水平极高。一套成型的参谋作业和企业管理方法，在这里畅通无阻，很快进入状况，运作自如，完全没有那种痼疾般的所谓公文旅行。

他有一次出访美国，偶往无线电城音乐大厅一游，问一个下属，有何感触。那人答曰，声光俱佳，舞者面容、曲线、服装无一不美。

俞大维就说，仅注意这些远不够啊，阁下是学管理的，一百多人的表演者如何进出前后台？如何训练与管理？应到后台观摩，才有心得。他又举中国人的大型筵席，往往宴开一百余桌，侍者如何分配才能同时上菜、撤盘？这里面都是学问。那人听后受益匪浅。

作为民国政府大陆时期的最后一任交通部长，邮电、公路、铁路、电信，在他任内无一不是飞速发展，工程、行政效率之高，为各部委之冠。种种细节，可见俞先生大处着眼的高度。

1954 年，俞大维被任命为最高防务长官。当时他身在国外，陈诚促其束装就道，但对任命，则要先征求他的意见。蒋先生说，不必！他这个人，一旦听到炮声，一定会及时赶到最前线。

他曾亲自乘机到徐蚌战场空中投粮。

像王耀武、黄维、郑洞国等人，虽然战败了，但俞先生很同情他们，认为是可贵的忠贞之士。他也感到自惭："如果换了是我，大势已去的情况下，我又能如何？"他是设身处地地替他人着想。

陈仪被执，他费尽心力，想去挽救他的生命，向层峰恳求陈情。整整一个上午，上面不置可否，求其苟免未能奏效，他为此伤痛不已。

不在前线，就在去前线的路上！他的办公室总是空的，他总在前线奔忙。1955 年 3 月的一则日记可见其戎马倥偬之一斑："3 月 7 日晚，我乘太昭舰北巡，翌日抵东引，视察防务后，继驶马祖，途经浪岛、大西洋岛。旋沿北竿塘西岸勘察海滩状况。上午十一时在南竿塘登岸。适遇见顾问团陆军组长麦克唐纳准将，相偕视察部队，然后乘原舰至北竿塘，遇大雾，故仅停留半个小时许。九日欲往大白犬岛，因风浪太大不能登岸而返回。"

他营救陈仪，未能奏效。到了孙立人案发，他参与九人调查小组，叨陪末座。第一次开会，陈诚念调查报告，声音细小，他听不太清。轮到他发言，他就说，按照常理，似乎纯属孙立人个人或极少数人的行为；因为假如有案情，其他人就不太可能知情。知情的人愈多，事机愈可能提早暴露；知情人既少，为何牵连这么多人？这是难以自圆其说的。这显出俞大维作为最高幕僚之一，感情和缜密的头脑相配属，为孙立人的冤枉，给出可信的论据。

孙立人案发前，职务是参军长。他对战略家余伯泉发牢骚，说是闲混愁闷，无事可做。余氏就劝他去给俞大维当副手，一定会有用武之地。但孙立人心有不平，说："我是要做大事的人，当副部长，能做什么事？"对此，俞大维感慨道："孙立人不听余伯泉劝告，大事做不成，却出了大事。他如果当我的副手，肯定什么事都不会发生。"

到了他们的晚年，生命最后时节，释放孙立人的事情已有眉目。孙立人曾告诉探望他的人，如果彻底自由，第一个想见的人就是俞大维。

俞先生躬行幕僚作业之一端，就是折冲樽俎、争取美援。其中的艰难周折，不下于战场的经略和防务的部署。另一方面，他总在前线奔走，具有镇定如山、化险为夷的大将风范，这对前线官兵往往具有强心针的作用，使其部署化为辉煌战果。

关于一场大型的进攻是否推行，他就向最高层提出了不同的意见。他委婉地申说，时机还不成熟，不宜发兵。身为幕僚，重心在于事件的评估，可行性与针对性如何，在此基础上予以定调、建言，而非一味地附和，更不能凭意气逞一时之快。

足智多谋的俞大维，在最高防务长官任上长达十一年，常于战略转圜上着眼，使其妙计得售。他的逻辑推理能力和空间想象能力，来自于古人智慧。他五岁启蒙，不久就能背诵《公羊传》；十三经中最具文学风采的《诗经》，他是晚年才补的课。《左传》的文章极佳，可是他在《公羊传》所下工夫最深。他自谦说，之所以他的文章没文采，就是中《公羊传》的毒太深。而好处是，《公羊传》将他的脑子也即思维磨砺得像剃刀一样锐利。

“八二三”炮战，多位高级将官在炮击第一时间毙命，俞大维后脑被弹片擦边削过，血渍斑斑，可他还忙着帮助胡琏、助手、参谋等人规避。

金门遭毁灭性炮击之前，军情部门、一般舆论、新闻界都以为要打的不是金门而是马祖，独有俞大维力排众议。他的判断如下，三星期之内必打，支持他的判断依据，一是最新空中侦察显示，面对金门的对岸各机场，所有米格机都已就战斗位置。二是最新陆上侦察显示，对岸第一线炮兵，所有炮衣都已揭开……

他喜欢隐名埋姓。他婉拒替他作传记的作家：“我只是层峰的僚属、参谋官，没有姓名。”他隐藏他的事功。总结一生的参谋作业，他说得简洁而掷地有声：“身为最高领导的幕僚，意见具申，是我的责任，但层峰决心既定，我唯有服从贯彻。如果层峰下令攻击开始，我必定第一个上前线！”

军统闲话

军统的起家

蓝衣社又名力行社，稍后更名为复兴社，贺衷寒、邓文仪、郑介民、胡宗南、刘健群、桂永清等都是核心人物，戴笠在其中是很小的角色。那些核心人物都是黄埔军校前几期的毕业生。戴笠不过是第六期的学员，但他天资颇高，刚毕业的时候就搜集了不少情报，受到蒋介石的赏识，将复兴社特务处这样一个重要职位交给他。当时的内勤方面，有行动科和情报科等，外勤组织主要放在一些省份的保安处和直属站组。特务处的发祥基地则是浙江警官学校。抗战初期，军统局正式成立，戴笠任副局长，负实际责任；正局长是贺耀祖,只挂名不问事。当时郑介民是主任秘书,兼军令部第二厅处长。他仅在戴笠出差的时候代为处理一些问题。

抗战的战略退却阶段，军统局的局本部组织人事的情况是这样的：副局长戴笠；军统局帮办唐纵，也是黄埔军校的第六期学员，在委员长侍从室当第六组组长，主要负责情报综合、摘要并向蒋汇报；主任秘书郑介民这时已是军令部第二厅副厅长，不大去军统局办公，所以他日常事务由代主任秘书毛人凤处理。毛人凤凡事都听戴笠的，几乎可以说是戴的化身，多数文件经他首先批阅，在局本部算最有实权的幕僚长。毛人凤往往办公到凌晨一二点。有好多高级特务轻视毛没有学历，说他的官位是“坐出来”的，听起来是称赞，实际是贬低。一般问题由毛氏下面的秘书室审批，若毛氏也不能决定，则用签呈向戴笠请示。毛人凤有四个贴身秘书帮助他起草和修改文稿。内勤方面还有军事处、情报处、行动处、电讯处，等等。电讯处曾经自行设计了特工专用小型电机，在当时非常先进。电讯处在这一阶段得到很大发展，在重庆设立无线电总台，所以戴笠称无线电台是军统的灵魂。总务处和人事处也相当庞大，另外还有特种技术研究室及上海一区、上海二区、军统合作社、特务总队、息烽监狱等众多机构。

抗战中的迅猛发展

在抗战的相持阶段，军统局的副局长仍是戴笠，帮办唐纵，主任秘书郑介民，副主任秘书毛人凤。机构设置与前一阶段相似，但也有很大的增加，比如建立了华北区、华中区、海外区等重要的外围组织和派出机构。

抗战的反攻阶段，即 1943 年至 1946 年，这时戴笠已升为局长，副局长郑介民。在 1946 年戴笠遇撞机死亡后，郑氏代理局长，主任秘书还是毛人凤。这个时期除在内勤方面有所加强外，外勤组织发展到了登峰造极的地步：首先是军统局的办事处属于半公开性质，在全国重要城市都有设置，但往往寄生在行营的参谋处、调查处、谍报处等机构里面。

各地区站，比如西北区、重庆特区、东北区、香港区等，区一级的组织采取秘密形式活动；在区之下又有指挥站和组，如湖南站、湖北站、安徽站、河南站、浙江站、宁夏站、广西站、江苏站、贵州站等，以及西安站、西昌站、南宁站等。还有海外站，如新德里站、仰光站、曼谷站、菲律宾站、西贡站、海防站、新加坡站、美国站、巴黎站等。站下面是组。组的名称非常之多，大组十人，小组四到五人。如果是在沦陷区，则各组之间不许发生横向联系，只能单线联系。军统局的外勤组织另有抗日铁血锄奸团，戴笠对它非常重视。这个团原是天津的学生抗日组织，成员多为学生；另外还有爆破总队、行动总队等，负责暗杀、纵火、爆破、绑架等任务。

在抗战时期，军统局的触角四处渗透，控制了军委会特检处，实施邮电检查、航空检查，以及交通监察，所有的水路交通逐一设站；还有财政部的缉私署，以及盐务处、货运管理局、兵工稽查处……全部控制在手中。另外就是军令部的第二厅厅长郑介民，他是军统局的第二号人物，对军统局的有关军事方面的活动采取无条件支持。从性质上讲，第二厅则属于军统局掌握的公开机关，直到军统局改组之后才发生变化。委员长侍从室方面，蒋介石希望身边有一个整理情报的组织，就把第六组组长唐纵放进去当帮办，负责情资汇总。第六组是军统局通天的单位，使其在第一时间将情报送给蒋介石。另外，和军统局直接关系的单位还有内政部的警务司警备处、人民动员委员会（主要控制帮会）、各站区混成别动队、各站区调查室、各站区军法执行分监部、军委会忠义救国军总部、军委会别动军司令部，以及各地警察局负责人、各省保安处的第四科，等等，可以说是四处开花。

军统局在各地举办的训练班大约训练了近十万人，在外勤方面掌握了大部分基层的领导权，并为他们创造军事学校出身的学历。中美合作所成立以后，戴笠还保送一批学生到美国培训，各地训练班的学生无形中形成一个系统，在抗战时期个个趾高气扬，将军统的老干部都不放在眼里。

在抗战时期军统局的战斗目标是日寇和汉奸。戴笠在军统局本部的一次大会上说，日本侵华部队不过几十万人，穿军装目标显著，我们用便衣来对付，花一定的价钱就可以杀一个日本兵，花若干万元就可杀他个一二十万是办得到的，比在战场上更容易办到，坚持下去，日本就会在中国站不住脚。他这个自以为高明的策略确实在沦陷区实践过，也确实行之有效，可是事情并不像他所想的那么简单；因为杀掉一个日本兵以后，便衣杀手虽然可以安全转移，可是当地的人民就会遭到日军的残酷报复，老百姓的生命财产损失很大，遂引起沦陷区人民的反感。蒋介石也不同意，说花几个钱、杀几个人算不得本事。这个办法就停止了。

二是惩罚汉奸，如对已经落水的上海伪市长傅筱庵以及未下水的唐绍仪，杀掉以后留下锄奸团的警告信。另外就是1941年由湖南方面的军统人员将周佛海的母亲、岳父等至亲接到贵州控制起来，生活上用高标准来接待，同时晓以大义、动以利害，由他们写信给周佛海劝他效忠国家，这一招果然见效。

另如抗战中的军统上海区，就是军统局所属敌后单位中最锋利的一支主力，在打击日伪方面迭创佳绩。对大奸巨憝以及首鼠两端的投机分子，均予以严厉制裁。其列入记录的，除情报、策反及地下宣传的成果不计外，单是行动与破坏，大约的统计数字是：行动制裁共一百五十余件次。其中以汉奸被杀居多，少数是上海各租界捕房中甘为敌伪鹰犬专与重庆作对的高级警探。另外，用各种不同方式格杀了着军服的正式日本军人约四十余名，阶级较高者约有少将及大佐。破坏军事设施共五十余件次，全部都是上海邻近地区的机场、仓库、粮秣、弹药等。在行动制裁案中，有几件比较特出的，如对伪上海市市长傅筱庵，上海三大亨之一、与敌伪互通声息的黑社会头目张啸林等。

戴笠在抗战后期，博得一般不识真相的青年大加崇拜，认为他是敌伪闻名丧胆的神秘人物。许多报国有心的热血男女，甚至视之为偶像，无不以能追随他，并在其指挥之下参加与敌伪斗智斗力的地下工作为荣幸。

关于军统在抗战中的战绩，1946 年 6 月 3 日上海《中报》刊有大致的统计：击毙敌寇二万六千七百九十九人，伤二千六百四十一人，俘虏五百零八人。破坏桥梁一百八十三座，舢板十九只，汽船三十五艘，飞机一架，车头车厢四百二十五节，仓库二百七十一座，铁路三百零三段，机动机车二百六十九辆。营救盟国飞行员一百三十名。敌后游击部队已扩编为四个纵队及一个南京行动总队，共辖二十六个大队和两个直属大队，总兵力近三万人，分布于浦东、上海及京沪、沪杭铁路，京杭国道公路一带。

因此戴笠的一些部属在多年后的回忆录中吹捧他，说是其豪情足可冲牛斗，其壮志足可吞山河。他对敌人是狡猾冷酷的，但他对部属与友人则是坦诚热情的。总之，“在他的心目中，除了国家、民族、领袖之外，绝无丝毫私心私念，私功私利……”真是吹捧到天上去了。

军统头子的四角关系

一般说军统三巨头，实则上是四巨头；其中，戴笠是一个中心点和基本点，毛人凤可以说是戴笠缩小的化身，唐纵和郑介民的气质和为人略相类似。

抗战胜利以后，全国人民呼求自由民主，要求裁撤特务机关，戴笠就谋划把军统组织化整为零。当时戴氏就想攫取海军司令这个宝座，而将军统化身渗透到各地的警察局。他准备在内政部成立警察总监部，用以消化军统特务。

1946 年 3 月，戴笠飞机失事以后，陈立夫、陈果夫以及陈诚都在设法打击军统势力，从而发展自己的势力；而康泽、贺衷寒等人也想裁减军统，巩固自己的权力基本盘；民主党派更是一片骂声。此时的军统组织四面楚歌。唐纵、郑介民也认为军统这块招牌在有些地方寸步难行，于是才以保密局代替军统，将它挂靠在国防部，于 1946 年 7 月正式成立。而军统在抗战后接收的敌伪现金和财产一律作为保密局的发展经费。蒋介石派他的机要秘书毛庆祥跟郑、唐、毛四个人组成一个委员会。

蒋介石下野，毛人凤忽然成为他身边最宠信的人。当蒋介石由奉化抵上海时，毛人凤更是时刻随侍在侧，非常忙碌。1946 年年底根据毛的秘密建议，建立了一个训练班毕业学生的核心组织，用来团结各期的毕业生。当时召集了数十位优秀学生代表，仿照成立复兴社的方式成立了一个军统后期的秘密组织。这是毛与郑争夺局长宝座时，能够排斥郑的一种力量。军统是从复兴社变过来的，现在在它的发展期反过来又于内部建立小型复兴社的核心组织。毛人凤早年因病从黄埔军校潮州分校退学，学历远不如唐、郑两位。他进入军统工作是在 1934 年，严格说还不算最初那一批元老。1937 年抗战爆发后，主持军统首脑部情报作业，开始掌握核心机密。当军统宣告结束，改组为国防部保密局时，由郑介民兼任局长，毛人凤为副局长。败退到台湾后毛人凤终于在保密局的位子上扶正。

唐纵在军统内部素有“智多星”之称。他也是黄埔军校六期毕业，也在 20 世纪 30 年代初进入情治系统。但在此前，他有办报的经历；此后，又曾为国民政府驻德国大使馆副武官，受命调查研究德国警察、情报组织及欧洲各国动向；晚年还曾任驻外“大使”。这些经历是毛人凤所无法比肩的。戴笠飞机失事后，郑介民代理军统局长，唐纵基本上离开保密局核心系列。撤退到台湾之后，他的工作逐渐转移到党务方面，著有《思与行》《美国政治与英美政党之比较》和《党友之理论与实践》等书。

郑介民学历、眼光、见识均超毛人凤。他的长处是战略情报的分析运用往往鞭辟入里，具有真知灼见，一度被视为表现情报权威智慧的军人外交家。但在国内情报的细节处置方面，则以毛人凤更为细密老辣，这是他和毛人凤的着力点不同而造成的。1946 年元月，郑介民奉命于危难之间，参加“军调部”谈判。“军调部”是“军事调处执行部”的简称，自当年元月成立，至次年元月结束，风雨飘摇，任务受阻，绩效不彰。这是时代的趋势，跟他个人的能力无太大关系。部员黄天迈说：“军调部后期无事可做，郑先生时兼国防部保密局局长，长驻南京。蔡文治以副委员衔代行委员职务。部中事务轻闲，蔡文治与我举办部员英文演讲比赛，可见同人之百无聊赖。”

无论是郑介民还是毛人凤，都没有戴笠组织力、控制力和搞情报那种天生的才能，加上时代巨浪的荡涤，保密局更是江河日下。

1949年年初，毛人凤积极制定“应变”措施，部署潜伏，同时在各大城市搜捕屠杀共产党员及进步人士，并布置特务组织破坏城市水电、桥梁等设施。因1949年夏季卢汉在云南异动，蒋介石认为卢汉的行动是受了龙云的影响，遂由毛人凤派员到香港暗杀龙云，后来改为刺杀杨杰。9月初，毛人凤指示特务杀害杨虎城将军全家于松林坡。11月中旬，保密局特务杀害江姐，她时年仅二十九岁。重庆解放前夕，毛人凤指挥发动了震惊全国的渣滓洞大屠杀……故而面目狰狞。

唐纵被视为“智多星”，而毛人凤则有“笑面虎”之称。他不是军统元老，也未能在外勤方面有卓越建树，说他是蒋、戴的老乡也仅仅是皮相之谈。他做官的秘诀是忍、等、狠三字诀，他从中得益多多。

罗友伦认为郑介民是戴笠之后的第二把手，鞠躬尽瘁，死而后已，做情报很有成绩。郑介民担任“国家安全局”局长期间，罗友伦曾经在一间军中理发店和他相遇。罗友伦就问他关于刘斐投向人民阵营的事情：“当年你在国防部第二厅当厅长时，顶头上司国防部作战次长刘斐，第三厅厅长郭汝瑰是共产主义者，难道一点也不晓得吗？”郑介民说：“我怎么不晓得！我在当国防部第二厅副厅长时，厅长杨宣诚（海军出身）就告诉我说：刘斐是共产党，在日本念陆军大学时加入的，老郑，你是蒋委员长的学生，说话比较方便，你应该向委员长报告。我想，要报告，也应该由厅长去报告，我又没有证据，空口报告，岂不是会挨一顿臭骂嘛！所以，我们俩谁也没有去向蒋委员长报告这件事。”

郑介民又说：“到大陆沦陷，国防部搬到广州，再迁香港，后来就分手了。在香港时，国防部的人都住在同一幢旅馆里，刘斐就住在我楼上。有一天深夜，刘斐跑来叫醒我，说：‘老郑，你不要到台湾去了，国民党没希望了。我老实告诉你，我是共产党，你跟我回大陆去，包你有前途。’我这才恍然大悟，确切证实他是共产党。”

他们各有不同的明显的长处或不足，即各有特点，所以在情报作业方面，蒋介石对他们的运用也略有不同。郑介民常被指派进行公开活动，或做国际联络工作。在特工系统中，他显得那样的博学多才，善于钻研问题。因此他常能在人前自我辩白说，他不是搞偷偷摸摸的勾当的。吹捧他的人，就认为他是有政治头脑和科学训练的军事谋略家。据说他的面容也是相学中的上佳之相，即南人北相。他是海南岛人，却长得和体格魁伟的北方人一样，坚毅的面孔上带着并不做作的笑容。

郑介民于20世纪30年代初赴桂离间桂系将领，使他们不得不服从“中央”，兵不血刃，一时声名鹊起。他是黄埔二期生，属于老资格，20世纪20年代中期，还到莫斯科中山大学进修政治经济学，长达两年多时间；抗战前又受命赴欧洲考察，回国后即任参谋本部第二厅第五处少将处长。

到了1954年秋冬，他任职“国家安全局”时期，保密局已走向尽头，情治系统开始被蒋经国攫取。郑介民1959年12月因心脏病复发在家中去世，被追晋为陆军一级上将。著有《游击战术之研究》《谍报勤务》《军事情报学》《中日战争太平洋列强政略的判断》等书。

后期的下坡路

戴笠死后，保密局的内部派性斗争表面化，广东籍特工和留苏学生站在郑介民这边，浙江籍的和训练班骨干则靠近毛人凤，湖南籍特务和对毛氏不满的人则向唐纵靠拢。

郑介民在兼任保密局长后打算和戴笠一样，把军统当做桥梁取得蒋的信任，但他不愿终身当特务头子。毛人凤在学历见识上不能与唐、郑二人相比，他只想把戴笠创下的家业夺过来，死死握在手里；唐纵为人一向谨慎，他的主张和郑介民有相似的地方。保密局留下的人员都是经过毛氏亲自审核决定的。这个时候，郑介民在国防部第二厅当厅长，所以这个厅的权力都在军统里面，而内政的权力原先就在军统手里。

在三年内战时期，保密局各地站长可以用国防部专员的名义出现，可用少将专员、上校专员的名义对外联络。各省站点分为甲种、乙种站，遍布全国。

在全国面临解放的时候，毛人凤部署保密局应变计划，命令各地单位人员寻找可靠的路线切实潜伏，或介绍公职以做掩护，配发电台及轻武器；各组成员一律不许发生横向联系，组长和交通员用暗号为联络手段。解放后，这些保密局的潜伏单位陆续被破获。

在解放军进军华北之际，傅作义最后决定投向光明的阵营；但他从做人的基本底线出发，并不反对拒降将领离开，只有一个条件，就是不能带走一兵一卒、一弹一枪。

据谷正文回忆，这其间，保密局内部也出现了一些问题，也间接将毛人凤和郑介民的内在矛盾摆到桌面上。部分特务在乔家才的串联下，成立了保密局华北同志联谊会，成员约有八百余人，稍后马汉三、乔家才被毛人凤逮捕，所以傅作义投诚时该会成员多数叛变。

毛人凤的直觉是，乔家才的串联，应授意于郑介民，而这个组织则是郑介民用来对付他的最大筹码。于是毛人凤对这个事件的整肃工作，一股脑儿地辣手摧之。光是保密局内部，就枪毙了两名少将，基层工作人员受牵累者更是不计其数。马汉三历任军统局北平办事处处长、北平行辕肃奸委员会主任委员、北平市民政局局长等职。马汉三与毛人凤发生矛盾，又违背蒋介石的旨意，支持李宗仁竞选副总统。现在他被毛人凤逮着把柄，遂于1948年9月被押解至南京秘密处死，对外的罪名是极度贪污腐化。

谷正文回忆说："而毛人凤之所以能够对参与人员有全盘掌握，最大的功臣便是李葆初。李葆初自己也是这个联谊会的成员，但是他见风转舵得快，没等毛局长下手，便自动将会员名册交给火冒三丈的毛人凤。

这场特务头子间的大对决，罪名当然与李宗仁当选副总统有莫大关联，乔家才亦名列死刑人犯之中。公文一到蒋介石手上，老先生犹豫了好久，直嘟哝着说："乔家才，不可能吧！"最后连案情都没看，就在乔家才的卷宗上，批了"改无期徒刑可也"结案。

乔家才侥幸捡回性命的原因，要推溯到老先生第二次下野。当时的蒋介石落魄到连个门房安全人员都没有，乔家才发现后，随即自告奋勇地丢下黄埔军校六期毕业生的身份，当起了老先生的门房兼警卫。

而出卖同志以全一己的李葆初则在事发之后，于1948年溜到台湾，干起了保安司令部保安处的科长，躲开了其他同僚的指摘。种种作为让他不敢留在特务单位，台湾第一个电动屠宰场在桃园设立后,李葆初便自动请调到电宰场去当总经理。最后,就病死在这任上，出殡时，凄惨到莅场公祭的人只有七位，其中还包括了去看热闹的顽童。

败退宝岛后的作为与衍变

特工巨头之间有难以弥缝的钩心斗角，特工单位之间也是相互嫉妒眼红。尤其是败退台湾之初，保密局拿下多个疑难大案，于是引发军方等单位的嫉恨，这才由黄埔系将领发动，制造了孙立人冤案。假案形成的原因很多，但归根究底脱离不了特务单位之间的互相争斗和拆台；尤其是在保密局破获蔡孝乾等省工委案后，这一类事件更多。

为了邀功整出来的冤案，无非是想在蒋介石面前争宠，争宠又是奠定个人权势的心理在作怪。保密局在蒋介石眼中是个骁勇善战的单位，除了省工委一案外，吴石及稍早前的陈布雷之女陈琏等的间谍案也都令保安司令部及调查局（属于中统系列）格外眼红。

保密局后期，毛人凤手下大将先是毛森，后是谷正文。

毛森曾自诩，他在军统先是不受重视，“直至抗战后期，他才发现我的能力，至胜利时，才完全看清楚。八年抗战，我在他的部下，所经历艰苦危困及生活上之贫穷，非外人所能想象”。而他后来被派到陈仪及汤恩伯部下，他们都很重视他的能力，且皆推心置腹，赋予全权处事。尤以汤先生对他的信赖，远超戴（笠）、陈（仪）之上。

他曾多次向毛森表示相见恨晚！在军统时经费支绌，处处窘困；而在陈仪手下，则是他平生最感富裕的阶段。

至于谷正文，毛人凤向他的这个得力部下承认，自戴笠身亡之后，除了在北平一地破了几个大案之外，其他地方，对付解放军，全都一筹莫展。他认为谷正文是经验丰富的后起之秀，因而，台湾能否保得住，除了依赖海峡屏障外，特工的工作也很重要，骨干们要负的责任很大。

谷正文初到台湾，因侦破蔡孝乾、吴石系列谍案，给摇摇欲坠的政权打了一剂强心针。谷正文从大学生散发的共产主义刊物入手，对三线人物加以抓捕，对二线人物实施捉放曹，再行诱捕一线人物，遂于这一环节的极其细微之处隐约发现吴石的影迹；最后从吴石的太太直接打开缺口，随即在一个深夜驾车直奔吴石住宅。吴石在睡梦中醒来，来不及穿戴整齐，责问这些不速之客从何而来。谷正文不愿暴露保密局的身份，就随口答道："国防部技术总队的。"他直截了当地把球抛向吴石，告知有人说他是共产主义者。"胡说！"吴石表示，如果随便一个人告了密，就可以任意骚扰被控告者的生活，那么天下岂不就要大乱了？谷正文在回忆录中写道：

> 他是一个头脑相当冷静的人，因此，我决定不要和他在道理上争，只是示意组员彻底搜查，一阵翻箱倒箧之后，却没有半点斩获。我心里不免叹服，假如吴石确是共谍，则他处理事情的细心程度，是我所见过共谍当中的佼佼者。
>
> 吴太太原本故意装作无精打采的双眼忽然瞪大起来．她说了第二句话："很久没有见到那个人来了，你说我该怎么办？"

有了这句话，我的任务即已完成九成……

当天一早，我打电话给毛人凤，告诉他：“今天就可以抓人，罪证确凿。”

毛人凤好奇地问我究竟是怎么回事。我把侦办过程向他说明了一遍，他顿了一下，然后笑着说：“好厉害，以后可得小心防着你啰！”毛人凤平素是不喜欢开玩笑的。我与他相处多年，这是第一遭，也是最后一次调侃我。

经过两天的等待，吴石却未如预期有所活动。次日晚十点钟，我开始采取逮捕行动。

当吴石再度见到我时，态度仍相当强硬：“你又来做什么？”他说，一副军阶比我高的神气。

“奉命传你去谈话。”

“我是国家堂堂的国防部参谋次长，你们怎么可以随随便便就来抓人？”

“是传，而不是抓人。”

吴石仍不放弃挣扎，他说：“不管你们是什么单位来的人，我要见总长（周至柔）。”

“要见总长可以，我们陪你去，何况，你要见他，他还不一定要见你！”

吴石到这时候，陡然开始紧张起来，他故意用愤怒来掩饰内心的不安。“放肆！”他叫骂着，然后摇了电话到周至柔家：“请接总长。”

周至柔拒听电话！吴石的脸色霎时变得惨白，他用颤抖的右手轻轻将话筒挂上，沉默不语，直到进入讯问室之后，也一直保持缄默……

抓捕吴石，表现出军统第二代骨干人物腕力的超强，技术的过硬，观察的冷静，谋略的深远，虽然其立场是反动的，但技术上不能不予以重视、警惕和研究。

据说，电视剧《潜伏》里的主角余则成，其原型就是吴石。

吴石出身保定军官学校，与陈诚算是前后期同学。另外，他与参谋总长周至柔的关系不错。吴石、刘斐都来自白崇禧的身边，也都曾是白氏的重要幕僚，长期给白氏当高参、搞策划。刘斐在和谈时早就逮着机会，再也不回那飘摇的政权；吴石也是在那时和华东野战军取得关键性的联系，随即潜伏下来，后来在台湾也做到了刘斐先前做过的位置，即国防部次长，主管战略计划。这个地位非常重要。他一边佯装努力工作，一边不动声色把情报向地下党传输。吴石胆大心细，毅力坚韧，以为天衣无缝。他本来就是学战略指挥出身的，谁知北京大学中文系出身的谷正文比他技高一筹，经过多方曲折的侦查，层层剥笋，将他纳入视野。

这当中的复杂性、惊险性不是几篇文章能说清楚的，所以只能长话短说。谷正文觉得证据确凿，可以收网，就直接和吴石面对面。电视剧《潜伏》因受观众的喜爱而热播，这是文艺三贴近的结果，而不是“四人帮”时期文艺搞什么“三突出”的荒唐作为。它表现了革命的复杂性、长期性和危险性。

谈谈远征军指挥官的性格因素

长篇电视连续剧《中国远征军》正在热播中。

该剧表现的是远征军印缅作战事迹。远征军上校团长韩绍功和弟弟韩绍勋同赴缅甸作战，先后经历了中英联军缅北大溃败，也经历了反攻缅北和反攻滇西的伟大胜利……

该剧主要由远征军的中层指挥官的经历来展开。为了丰富描写的层面，主要人物系虚构，在主角身上集纳多位中层军官的性格特征。

远征军战力强大，尤其在后半期的驻印军的时代，兵锋凌厉，所向披靡，是世界反法西斯战场一支强大的劲旅。但是再强大的兵员，都跟指挥官有着不可分割的联系。俗话说，兵熊熊一个，将熊熊一窝。反之，强将手下无弱兵，远征军高层将领的性格特征，也值得我们一窥究竟。

两位留洋的名将

印缅战场的两位名将，孙立人是留美的，清华大学毕业后再入美国弗吉尼亚军校；廖耀湘是留法的，黄埔毕业后，又入法国圣西尔军校深造。

第一期远征入缅作战失败，廖耀湘认为按照战术和地形而言，史迪威和罗卓英方案是最合理的决策，但杜聿明不愿意退往印度，仍想从密支那以北地区回国，其理由是该路线无敌踪；可是史迪威的情报却证明日军正在向密支那迅速挺进途中，而杜聿明却过于相信自己的直觉，结果造成整体的惨败。

败局中也有不少可贵的亮点，如孙立人新三十八师创造仁安羌大捷，孙先生被誉为“东方隆美尔”；廖耀湘的新二十二师在斯瓦逐次抵抗战中，表现出高超的战术水平。抗战后期反攻阶段，孙立人升新一军军长，廖耀湘升新六军军长。

孙立人孤军深入，却营救了英军的一个师，最后全师精神昂扬退入印度，与第五军退入野人山绝境，病死、饿死近半的情景迥然不同，遂在国际上声名鹊起。撤退的时候，孙立人根据经验和直觉，公开抗命。他要走一条独辟蹊径的撤退路线。他果断决定：其一，决不跟杜聿明去野人山。其二，避开敌军主力，然后翻越野人山系南端的巴豆开山到印度英法尔。其三，必须赶在雨季到来之前到达印度。事实证明他的决定极为英明。

孙立人先是因税务警察总团改编一事和军统结下梁子，对方是黄埔军人；后又因战略因应和杜聿明发生矛盾；再后是在东北，他和廖耀湘因长春警备司令一职而生芥蒂。杜聿明属意廖耀湘，而孙立人认为非他自己莫属。然而廖耀湘的任命已经发表。孙立人坚持认为，新一军虽然出关较晚，然抵达东北后，一路上追奔逐北首先进入长春，长春警备司令一职，无论如何也不应由新六军军长廖耀湘担任。争执的结果，最后还是杜聿明让步，改派孙立人为长春警备司令，从此两人嫌怨已深，肇致了日后的公开决裂（参见陈嘉骥《杜聿明孙立人失和始末》）。

孙、廖这两位曾在异国并肩抗御强寇的同僚，因此失和而对立，实在令人扼腕。

孙立人后来被解除兵权而软禁，这是一场悲剧，缘于一场影影绰绰的兵变，但也并非完全是空穴来风：一是跟他恃才傲物有关，得罪了黄埔系实权人物；一是他的部下郭某“口头杂文”写得太多，被人抓把柄；再者，美国外交系统官僚写给他的密信被特工截获，孙先生以为美国人对他支持到底，实则这种想法甚为虚飘。

至于廖耀湘的为人和生活旨趣，长期协助他指挥部队的舒适存先生直言表示非常欣赏：“廖氏秉性骨梗，不谙世故，不抽烟、不喝酒、不打牌，对于酒食征逐，更是外行；逢迎联络，他也反感。家中宴客六菜一汤，入席时每人斟酒一杯，不斟第二杯。”他对于才能高、脾气大的同僚颇为尊重，也较能忍让。以后廖氏兵败被俘，是大势造成，无可挽回，死于“文革”动乱年月。孙立人虽说在台湾被软禁几十年，但宋美龄、宋子文对他相当关照，活到九十岁高龄才去世。

笃厚人格，忍辱负重

第二期远征军，即是驻印军，改派郑洞国任新一军军长（后升副总指挥）。新一军是由第一期入缅作战失利，退入印度的新二十二师（师长廖耀湘）和新三十八师（师长孙立人）编成的。郑洞国到重庆领命时颇感意外，因为军委会原先属意的人是邱清泉，稍后又考虑到邱先生的脾气暴烈，是“浑不赁”那种，怕他和史迪威闹翻，才改派较温和的郑洞国。郑先生的修养，称得上胸怀宽厚、气度博大。就在改派命令下达之际，邱清泉其实连幕僚班子都物色好了，只等赴印上任，不料又改派了郑洞国，两人心中芥蒂顿生。等到郑洞国到了兰姆伽军营后，先是和孙立人发生肚皮官司。孙立人毕业于美国军事名校，他的部队是远征军十万大军中的唯一不败之师。他对军阀部队固甚蔑视，就是黄埔系，他也认为不够格。他认为黄埔军校也不外乎短期速成班，和前清军队差别不大。史迪威则骂郑洞国为白痴。史迪威的日记里面，还骂蒋介石为花生米、傻瓜、小人、浑蛋，等等，甚至骂瘫痪了的罗斯福总统为“橡皮腿”，其心地之褊狭阴暗可见一斑。郑洞国就要在这样一种错综的人事关系中左右缝合，也真难为他。郑洞国从不夸夸其谈。他上任后，很快表现出高超的指挥艺术、大胆的作战风格，尤其密支那反攻战，赢得中美将领的一致钦仰。

到抗战后期史迪威和远征军将领的关系有所改进。譬如他和廖耀湘谈话就不用翻译，直接用英文和法文交谈。史迪威常常把他的感想与廖氏交流。他对廖说：“我们都是正直的军人，不是政客，应该以军人的态度和头脑来考虑当前的敌情和任务，据此做出果断处理。”但史迪威对郑洞国始终存有成见。郑将军全凭他的宽宏度量，才顾全了大局。

气贯长虹的牺牲者

戴安澜，黄埔三期生，别号海鸥，他的同袍尊称他为“海鸥将军”。1942 年 3 月入缅抗战前，他的妻儿都在军营中。部队开拔了，他的小儿子后来回忆道："父亲的车子停在那里，他打开车门，跨入车子，回过头来依依不舍地向我们挥手。"

谁知一去便是永诀。戴安澜率部行军千余公里，甫至缅甸，大战即已降临。他率领的第二〇〇师孤军镇守同古，与五倍于己的日军三个师团激战十余天，以一比五的战绩重挫日军，取得前所未有的辉煌战果。其后日军不断增援。当时日军的编制是每个师团二万五千人，远征军一个师是一万两千人，从人数上说，敌方占优势；就飞机与炮火方面而言，更是相差悬殊。当时英、美的作战飞机多在欧洲战场，第五军的炮兵、坦克也都还在云南边境，第二〇〇师总共只有二十四门迫击炮，而制空权又全在日军手中。孤军喋血，在生死存亡的最后关头，戴安澜要求部属逐级立下遗嘱，决心以死报国。

由于远征军战略指挥错误，日军实施赌注性的闪击攻势，缅甸战场风云变色，戴安澜于 1942 年 5 月中旬按杜聿明的命令走东线撤退，遭到日军截击，身中数弹，壮烈殉国。

他的黄埔军校同学梁恺将军认为戴安澜是一个极具智慧、处理战局稳重而果断的人。

他不像孙立人、廖耀湘等人喝过洋墨水，但他暗下决心，订有学习英文的计划，进展很快；同时在训练之余攻读哲学、文艺、兵学典籍，"仅 1937 年一年，他利用战斗、工作、训练之余，就阅读了各类图书一百一十九册"（俞继华：《记戴安澜烈士》)，终成博学多才、具有远见卓识一代儒将。戴将军著有《磨砺集》，是他思索的结晶。他写给官兵的格言，诸如："人我之际要看得平，平则不忮；功名之际要看得淡，淡则不求；生死之际要看得破，破则不惧；人能不忮、不求、不惧，则无往而非乐境而生气盎然。”文采灿然，其中透着明慧的哲学眼光。

他牺牲后，国民政府最高层发给另一支部队的急电说：“据悉戴师长已阵亡，其余部正在深山跋涉，令你部火速前往迎接。戴师长身经百战，浩骨英风，不愧为我华夏国魂。该师每一战士概为我国军精华。故你部不论付多大代价，定要将其扶榇归国，使中华威灵，而复耀。”故其灵柩所到之处,各地军政长官均率部属百姓迎送公祭，备极哀荣。

在高级参谋的一隅

入缅作战失利，1942 年 4 月下旬，远征军首脑和幕僚开会决定撤退部署。会后，罗卓英交代他的参谋长杨业孔叫杜聿明执行。

杨业孔生于 1914 年，黄埔八期参谋班毕业，当时才二十八岁，已是罗卓英的参谋长，挂少将衔。他在指挥上很有一套，但当时夹在几个大员中间，两头为难。至于也很年轻、比杨业孔大两岁的罗友伦，则是杜聿明第五军的参谋长，也是少将衔。

不过杨业孔虽然年轻，却也不好说话，在彼时他只对罗卓英负责。仁安羌战况胶着之际，孙立人驱车到远征军总部，求见罗卓英。当时夜深，罗已入睡，只见到参谋长杨业孔。孙立人摆出充足的理由，不料杨业孔冷冷地说：“既然上面已决定了，就不必再多说了。”孙立人再三解释，希能挽回；但费尽口舌，杨业孔对其方案仍不加认可。反复周旋至凌晨两点多钟，孙立人站起来说：“如果参谋长不肯负责，那我自己负责，不过请你明天报告总指挥官，就说按照目前局势，我势在必行。孙子说：‘城有所不攻，地有所不争，君命有所不受，不合理的命令不一定要接受，责任问题只有等任务完成之后再来承担。”说毕，孙立人就告辞回营。

孙立人的师参谋长是何均衡，黄埔七期生。仁安羌援英作战，新三十八师解救濒临绝境的英缅军第一师，轰动英伦三岛。何均衡与副师长齐学启对孙立人的协助很到位。在驻印军时代孙立人的幕僚则以葛南杉为优异。葛先生毕业于法国圣西尔军校，熟谙参谋业务；孙立人用餐时都和一众幕僚在一起，沟通信息，兵棋推演的腹案在不知不觉间形成。

远征军的第二阶段为中国驻印军，史迪威为总指挥，罗卓英为副总指挥，柏特诺为参谋长，温鸣剑为副参谋长。驻印军反攻战的胡康河谷战役、孟拱河谷战役以及密支那围攻战斗极为惨烈。作为高级参谋的温鸣剑，主要是和美军协商沟通。

曾氏传记三种评骘

观曾国藩传记三种，各有千秋；夜读听潮，渊然隐有所感。

王定安的《曾国藩事略》采用浅近文言，一气呵成。他那端严的幕僚笔法，简洁素朴，叙述到位，虽无小标题节制而不觉其冗长。何贻焜之《曾国藩评传》，也用浅近文言，而多采民初自日本等地引进的新词汇，叙述详尽，表达宛转，句意深入，文章稳健而有逶迤之势；萧一山之书，已是白话论文，却时采文言词汇，句子有节制，故其吐属也相当妥帖，解析复杂历史脉络深入腠理，尤有随时拔起的精彩之论，峻峭突出，绝无冷场，读之有观止之叹。

一

史家萧一山先生的《曾国藩传》，写曾国藩救世的宏愿，具体渗透在曾氏保存中国文化遗徽的苦心之中。对他大加赞誉的人，只恨美词难尽；大毁之者，焦点又在吾祖民贼这一点上。但以洪、杨非驴非马的文化、胡作非为的杀戮，人人得而诛之，所以他实在不必对毁伤他的人负责；而在清廷专制的大框架之下来保存国粹，则其救世的宏愿，也就不免大打折扣。悲哀的是他只能在此矛盾局面之下存在。所以，真正既要民族、民主的革命，或至少不在客观上为专制延长寿命，又要克绍中华国粹——那就只有等到孙中山及辛亥党人的出世了。

从民族革命而言，仍有不能原谅曾国藩的地方；可是骂他的章太炎，也不得不承认他是大英雄："曾左之伦，起儒衣韦带间，驱乡里服耒之民，以破强敌……命以英雄诚不虚。"（《检论》）即曾氏建军的发轫，不过是保卫乡邑的初衷，"非敢赞清也"。萧一山先生说："国藩是为文化而战，自不能以民族大义责之。彭玉麟始终不愿做清朝的官，即有羞事异族之义，并劝国藩自主东南，英人戈登也劝过李鸿章，他们为什么都不敢做呢……可以知道几千年君主专制政体之下，一般人的忠君思想是如何牢不可破了。"（《引子》）

萧先生着力论述，曾国藩挽救了清朝是没有疑问的，但清朝并不能救中国，清朝本身也是不可救药的，但曾国藩为什么还要去做呢？"曾拼命把清朝的命运挽救了，中国的旧文化也算保住了，这就是他的经世事业吗？……他的宗旨是治世、是救人。"明亡于清，不可能是曾氏的责任，清朝统治了二百多年，"一般人的忠君思想是任何的牢不可破"。萧先生引章太炎说曾国藩的"不敢赞清"，而以异教悊礼指斥洪、杨，"足征曾国藩是为文化而战"。第二章写他以经世之礼学为依归，养成道德学问特殊的造诣，证明他的事功，他的中年中兴功业，晚年的退守，都和早年的学养慎独功夫密切相关。他的一生的归结在于礼学，即经世之学。笔者以为此一礼学实有制度之要义在里头。"古代的著作极简单，分科更不详，经世是寄托在历史学中的……大儒是经世的通才，是博通的、综合的，以礼为归……曾国藩在史书里面，不仅推崇杜佑的《通典》，而尤推崇司马光的《资治通鉴》。”故在第三章，谈曾国藩的时代，他的经世之礼学，发挥中庸的文化精神，以期把握时代。从孔子梳理到顾炎武，并对后者深致敬意。而曾国藩对顾炎武视为泰山北斗，万古金声；并读陈卧子诗集，向往之至。这些都是抗清的大家，国藩的心曲可知了。故其剿捻剿洪、杨，可知是对社会、民间、文化负责了。萧先生考出了国藩伟大成就的学术背景，说他以儒生治兵，戡平大乱，维持中国文化的传统赖以生发的背景——那些极细微关键的地方。至于辜鸿铭《张文襄幕府纪闻》卷上说曾氏之佳处、之不可及处在不排满这一点，则相当可笑。

在以经世之礼为中心的前提下，自尊与自憎的情感的对立，消极与积极的观念的冲突，对于极矛盾的环境的应付，也因之尚觉裕如。

萧先生引其家书“吾近于官场，颇厌其繁俗而无补于国计民生。惟事之所处，求退不能”（第六章）分析其政略，“国藩开始发表他的政论，完全是站在人本主义的立场”。

萧先生并比较湘军、淮军的根本不同，着眼在三端：一为大将的学术气质，一为将领之出身，一为对事功的理解及其期望。湘军多大儒，公忠体国。淮军将领多出身微贱，气概远逊。湘军的彭玉麟更是杰出纯粹的学者；淮军如刘铭传等则为盐枭……“无怪乎袁世凯以一文武都不成材的人可以传淮军之绪，这不能不说是国家的不幸”。后又从“军民财”三权分立与否来谈两军的性质差异。国藩在世时，是使三方互相牵制，防范拥兵自重。但他身后，总归无可奈何花落去，难以羁控的局面则出现了。

淮军本是湘军的支派……何以后来国藩尚不能指挥如意而不得不请鸿章兄弟出来帮忙？……看见李鸿章开始就把淮勇造成他的势力，与湘军扩然大公的精神已迥然不同。所以湘军虽是私有军队的起源，而淮军才构成私有军队的形态。后来袁世凯以淮军子弟，传其衣钵，就变成清末民初时代的北洋军阀，割据国家，阻碍统一，贻祸不浅。（第十章）

厘清近现代军阀祸害之起源，缘于专制。处处漏洞，百端补缀，错舛百出。近时学者扬扬自以为得计的论调，说什么要告别革命，指军阀混战之源头在孙中山，观萧先生的梳理，其说可不攻自破，同时也照出今之学者寡情不学的紊乱。

二

《曾国藩事略》作者王定安长于史志文献学，长期任曾国藩幕僚。他后来曾任山西布政使，辑撰有《曾文正公大事记》《曾子家语》《两淮盐法志》《平回纪事本末》《彝器辨名》《三十家诗抄》等著作多部，皇皇三百余卷，涉及面甚广。

王氏《曾国藩事略》，卷一以简略笔墨叙述其乡间童年生活，引国藩自述“余年三十五始讲求农事，居枕高嵋山下，垄峻如梯，田小如瓦，吾凿石决壤开十数畛而通为一，然后耕夫易于从事。吾昕宵行水，听虫鸟鸣声以知节候，观露上禾颠以为乐；种蔬半畦……凡菜茹手植而手撷者，其味弥甘……”

“君子居下则排一方之难，在上则息万物之嚣。津梁道途废坏不治者，孤黎衰疾无告者，量吾力之所能，随时图之，不无小补。若必待富而后谋，则天下终无可成之事矣。”这一段话，可视为曾国藩行事立身的总纲。著者置之书前，不为无意。

王定安《曾国藩事略》，其原始文件实在是一种有机穿插，使事迹显明。此书相当于一部大型列传，盖其结构袭用列传写法，唯篇幅特长而已；又以过渡说明文字连缀官方文件，来做事实铺叙。全书实自传主编练湘军开始，叙其事功，而于此前，仅以数页概括。曾国藩回乡前，任兵部、刑部、礼部等副职，因母丧回乡，正值太平军大举扫荡之际，遂就近练兵。当时太平军水师强盛，在长江中下游迭陷郡县，“衡阳廪生彭玉麟故有名，公一见器之……治水师自此始”。

《曾国藩事略》叙事脉络清晰，述传主出省作战、水师之起来，事出偶然，回乡奔丧，因而就近剿匪，因事势而扩大。其他大员相继出场者，乃是彭玉麟、胡林翼、左宗棠、李鸿章……

书中大量引用了皇帝的上谕，这里面很多是清廷惊慌失措的情形下对曾国藩的驱使。而萧一山先生的《曾国藩传》则阐明，曾氏针对上谕，对军政和用人等，也都有具体的批评，“糊涂虫的清廷，却天天催他出兵”；他也明确指出朝廷虚骄不实的流弊，“满廷疲泄，相与袖手，流弊将靡所底止，这是多么大胆的谏言啊……在专制时代，帝王生杀予夺，假如没有大仁大勇的精神，真不敢道只字”（第六章）。不过就是在这样的情形中，为数不少的官员仍在鬼混，反笑曾国藩多事，谤议横生，致曾国藩有退隐的念头。

在王定安笔下，清廷的焦急恐惧历历见于各种文件之中，严厉督促曾国藩出兵。其间，曾国藩忙于水师之后勤和布控，动作或显迟缓，而清廷恨不能毕其功于一役，有时其口吻近于无赖："言既出诸汝口，必须尽如所言，办与朕看……"有时隔着甚远，也不管三七二十一，"着迅速前进，毋稍延迟"，总是希望他不要将任务的艰巨作为逃避的借口。至有胜利，则立即封官许愿，奖励各种高级工艺品。

1861年，清廷令曾国藩统筹东南四省军务，"所有四省巡抚、提镇以下悉归节制"，就在次年春上，他即有辞官的心态："现在诸道出师，将帅联翩，权位太重，恐开斯世争权竞势之风。"

至1862年，多隆阿消灭了少年将军陈玉成，彭玉麟攻金柱关，"贼于烈焰中冲突而出，积骸满渠"。春夏之交，彭玉麟"闻国荃孤军深入，恐为贼所乘，急调水师策应……水师于狂风巨浪之中排炮仰击无少休……逼垒纵焚，火光烛天……群丑扑火溺水，横塞江流"。这样的情势下，上海外围的中等城市又有重新陷落的，对金陵大营的攻扑也相当猛烈，"贼连营数十里，大河之港俱设浮桥……"战场态势的艰苦险状可想。即令来投降者，也多视之为诈，随即斩之，真可谓一夕数惊。1863年，仍有洋人投入太平军营，广置炸炮，这时是李鸿章部队在沿江严密搜索，彻底切断其枪炮来源。这时候，朝廷对曾国藩的命令也益形急迫，尽是务须如何、不许如何、尽快如何、不可如何、万勿如何、着即如何、不得稍存如何……这样近于气急败坏的口吻。

战事激烈，胜败反复。水师及陆军的后勤、财政、武器制造、特务、军法、调查所……种种事务至为繁杂，要保证出兵的接应，故曾氏也有辩解。保卫武昌时因出师不利，清廷愤怒谴责，其苦衷，有时又不惜言之谆谆，借以倚裨，此中尤见剿灭难度之大。而最初，书生从戎，曾国藩也是在摸索中指挥战争，逐渐养成调度有方，军略冠绝一时。他大约打了三四年之后，才指挥裕如、如臂使指的。

而国藩直弟国荃，无论攻克哪座名城，几乎都用地道轰裂之法。“公弟国荃昼夜围攻，克此雄都。是为肃清东南之始”。甚至克复江苏其他中小城市亦如此。收复南京，则用地道地雷轰炸，配备云梯猛攻，开穴反复达三十多道，终在1864年7月19日那天，“霹雳一声，轰开城垣二十余丈，烟尘蔽空，砖石如雨，贼以火药倾盆，烧我士卒……群贼抵死巷战”，战况异常激烈。

曾国藩与其他大员的微妙关系，在来往函件中表达得淋漓尽致。如朝廷命李鸿章率劲旅支援曾国荃，以会攻金陵。曾国藩上疏乃称李为大吏，苦战之际不便调请。攻克伪都之功，牵涉太多，故李鸿章也来之迟迟，曾国藩又为之说项：“李鸿章平日任事最勇，此次稍涉迟滞，决无世俗避嫌之意，殆有让功之心臣亦未便……”客气话之机杼，古人表达之到位一至于此，也真可叹为观止了。

王定安《曾国藩事略》的文笔虽简古，但也有曲折婉转的战争故事，如李秀成间道潜入苏州指挥并神秘脱逃的前前后后。叙述时有生动形象可感之处：“接见诸将，均有憔悴可怜之色，昼则日炙，夜则露处，面目黧黑，虽与臣最熟之将，初见几不相识……”引用他晚年日记：“每思作诗文，则身上癣疥大作，彻夜不能成眠……精神散漫已久，凡应了结之件不能完，应收拾之件不能检，如败叶满山，全无归宿。”说明问题，极形象而得宜。书末对战争前后时间、空间的总结，也有不动声色的深沉历史感。

梁启超在《中国近三百年学术史》论述纪事本末体史著时尝谓：“最著者有魏默深源之《圣武记》、王壬秋之《湘军志》等。……壬秋文人，缺乏史德，往往以爱憎颠倒事实……要之壬秋此书文采可观,其内容则反不如王定安《湘军记》之翔实也。”对王氏甚为许可。

三

何贻焜先生的《曾国藩评传》，正中书局1947年刊行，乃是他在北平师范大学读书时期的作品。何贻焜抗战时期任衡阳师范校长，早年毕业于湖南大学，后考入北平师范大学文学院研究生。

该书以相当的篇幅写曾氏起来之际的时代背景，做大幅渲染、烘托、论证，为曾国藩的思想、生活找出总的依托和根据；于中年生活着墨尤多，细至身体疾患，苦闷心情，戎马生涯，师友学行……加以总结评述，故其人全貌出而视野宽。

其论曾氏思想之第三期，乃奉命练兵，痛愤当时社会因循苟且的风气，倡导“用法尚严厉，不拘泥于儒家德治之说。此为曾公思想转变之第三期”。何先生引曾氏书信：“三十四年来一种风气，凡凶顽丑类，概优容而待以不死。自谓宽厚载福，而不知万事堕坏于冥昧之中，浸溃以酿今日之流寇。”“二三十年来，应办不办之案，应杀不杀之人，充塞于郡县山谷之间，民见乎命案盗案之首犯，皆得逍遥法外……乃益嚣然不靖。”此仅就焦点问题而言，实则社会治理毫无章法，体制紊乱，漏洞多多。这是十分痛切的社会批评。

这实在是相当深刻的。盖以专制王权，对恶徒有所倚赖，利欲熏心之徒并不破坏他的统治根本，他并可借此等坏人抵御民间和知识分子的民本价值观，以做制约张本，自以为巧不可阶，事实上却大面积破坏社会之平衡。无告之小民，乃成统治者施政的牺牲品。

恶徒与官僚的利益不断扩大，如此腐败遂趋于全面糜烂，几乎无官不腐。官民对立日益严重，不仅威胁社会安定，且业已造成经济的长期低迷不振。曾国藩实在看到很深的病灶，乃是其痛苦之所由来。

对专制社会的结构性坏损，曾氏即有擎天之力，也难以挽回了。所以论到其晚年，为物议之中心，曾氏的忧郁就澎湃而来，“且觉有所兴作，易获咎戾，于老庄之旨，颇多默契，唯自立自强之道，仍以儒墨为依归，此为曾公思想转变之第五期”。如此连绵剥笋，论述深入而大见精彩。

全书详尽铺排，分二十余章，有时代背景、早年生活、中年生活、晚年生活、思想体系、教育思想、哲学思想、政治思想、军事学识、文艺批评等章节。

文艺批评，强调其历史眼光；此外，治家、养生之方法，俱各为一章，其完备如此。

《思想之渊源》一章，特别拈出曾氏书信，“静中细思，古今亿万年，无有穷期，人生其间，数十寒暑，仅须臾耳！大地数万里，不可纪极，人于其中，寝处游息，昼仅一室夜仅一榻耳！……事变万端，美名百途，人生才力所能办者，不过太仓一粟耳。知天之长，而吾所历者短，则遇忧患横逆之来，当少忍以待其定，知书籍之多，而吾所见者寡，则不敢以一得自喜，而当择善而约守之……”

其实这可视为他思想之总渊源。盖其悟境之高，因其宇宙意识之强烈，哲学思想之深沉，人生认识之通透，其悲天悯人也由此生发。

《个性》一章，则从其天分、材质、为学路径……入手，挖掘其个性形成及发展，严肃、谦虚、忠恕……之外，特拈出幽默一节，以为曾国藩之性格中固有深藏之幽默风趣。即在后世研究家之范围，也属特出而见个性之论。

第二十二章系研究后人对于曾公之批评，则别有价值。此系同时或后人各界名家针对曾氏评价之要点摘录，量奇大，至有两三万字。公正的或偏颇的、稳重的或激烈的、持正的或有趣的、恭维的或大骂的，无虑数十家，但不妨照见其为中兴人物及世界史上有声有色之人物。其间也有像海外回来的容闳这样的特殊身份："余见文正……精神奕然，体格魁伟，肢体大小咸相称，方肩阔胸，首大而正……眸子作榛色，口阔唇薄，是皆为其有宗旨有决断之表征。"很是捧场和恭维；这和王闿运日记里面所说，甫见曾氏，觉其有疥疮抓痒，以为是受刑之相貌，则可说相映成趣了。

作者阅读大量曾氏诗文、杂著、奏稿，史传、诸子百家尤其宋儒文集……为详尽解剖，不惜采用多头排列之法，分类剖析，将传主一生繁杂的言行、人际关系、学术思想条分缕析，使笼统之事象而有依归；每章又将分析之结果予以综合，在综合中予以批判，而得会通之旨。总观即为鸟瞰之势，分看又得解剖之细。史料铺排之多，实有浩大详尽之观，好处是提供全面洞察之便利。然全书毕竟因其体格庞大，在读者接受方面，或也有顾此失彼之嫌，殊失优游不迫之旨。

四

萧一山先生的书中，在写曾国藩编练湘军那一章中，专门插叙了几个关键人物。一是江忠源，湖南新宁举人，郭嵩焘在北京介绍给曾国藩认识的。他早些时候为了保卫家乡，曾组织乡村丁壮用于防御，这是湘军最早的依托。

还有一个关键人物，即罗泽南。萧先生说，“他的道德学问，确实是有数的人”，很早养成明道救世的精神。“后来湘中书生，从戎拯难，立勋名于天下，大半都是他的学生……况他老先生又亲自领兵出马，大小二百余战，克城数十，最后还是战死的呢。”

罗泽南，著有《西铭讲义》《小学韵语》《读孟子札记》等书，后人辑有《罗山遗集》。他从湘中的宿儒到血战的名将，是一个不可忽视的人物。他是出身耕读之家的湘军元老，早年常以松香照明，或借萤光攻读。应科举之余，他也习武善拳术。早在咸丰元年，太平军围攻长沙，他就脱颖而出。稍后罗泽南与塔齐布并称，成为曾国藩的左右手，力挽狂澜，屡著战功。曾国藩回乡奔丧时，他已编练有少量湘勇，遂以之为基干，以道义相号召，再行招募稳步扩展而成。

练兵等于是阐扬了他的目标，从此，他将不断面临如何兑现的挑战。

王定安《曾国藩事略》，大体上是战报的说明连缀。里面对此特别人物——罗泽南，用笔妥帖温恭。看他书中大量引用的皇帝上谕，其批示之严厉，督战之急切，难以遮盖地浮现于字里行间，有时更是急不可耐到气急败坏——差不多是耳提面命地敦促曾国藩出兵迎战。

湘军和太平军的战役战斗，双方胜败之机常常是命悬一线，其阵地阵营在激战中，打得随时都可能全盘崩溃，防线也随时可能松动。双方的大将，相继阵亡。双方无论怎样善战的名将，都有失手败北之可能。

这样的局面之下，也有令人惊讶的奇迹出现。那就是罕有的名将罗泽南的出场，每有关于他的战况战报，几乎都是胜利、破贼、退敌、挥师突进……仅就此书所记载，他是湘军方面的福星福音，对方的丧报丧期。似乎无论怎样的危机他都能突破，无论怎样的困局他都能化解。

“罗泽南破贼于城陵矶”、“罗泽南率师北渡”、“罗泽南克通城县”、“泽南破贼于贵溪”……攻击九江之时，曾国藩乘坐的指挥舰被太平军包围，仓皇突围中文卷荡然，曾氏欲自裁，又是罗泽南调小艇接入其军营得以脱险；各大小将校均有败绩，独罗泽南出马，总能转危为安。他又是很有战略眼光的，“罗泽南上书陈利病，以为东南大势尤在武昌，乃可控江、皖，江西亦有所屏蔽；株守江西，如坐瓮中，无益大局”，“请率部……东下，以取建瓴之势……必俟武昌克复，大军全注九江，东南大局乃有转机。公（曾国藩）深韪其言”，“泽南因自义宁单骑诣南康谒公，面陈机宜”。如罗泽南者，实在是罕见的孤胆英雄。其所作为，总是秉持良善信念，致力疗伤。南昌告急之际，来者是太平军悍将石达开，又是罗泽南远应危局。清廷掩饰不住兴奋:“石逆贼党虽多，一经罗泽南痛剿，即连次挫败，可见兵不在多寡，全在统领得人。”

钱基博的《近百年湖南学风》说：“泽南以所部与太平军角逐，历湖南、江西、湖北三省，积功累擢官授浙江宁绍台道，加按察使衔、布政使衔。所部将弁，皆其乡党信从者，故所向有功。前后克城二十，大小二百余战。”

1853 年江忠源、吴文镕相继阵亡，随后收复武昌，又是用罗泽南奇计。大清朝廷喜心翻倒:“获此大胜,殊非意料所及。”两个月后，还是罗泽南“破贼于孔陇驿”。这年年底，水陆官军进攻九江，又是罗氏指挥首战大捷，随后太平天国反扑，分割官军于江中多段，曾国藩指挥船被围，也是暗中换乘小舟入罗泽南营地，仅以身免。曾国藩羞愤交加，第二次要投江殉节，罗氏力谏乃止。

1854 年岳阳水战，“师船不能回营，为贼所乘”，竟然有十来个将领阵亡，又是罗泽南“破贼于城陵矶”。

随后，仅在一个月中，罗泽南“破贼于贵溪”、“剿贼于景德镇”、“连破贼于梁口、鸡鸣山等处”……包括太平天国凶悍战将石达开，在 1856 年的秋天，裹胁农民，挥大军飙窜于江西各地，来势异常凶猛，各地迭发警报，又是“一经罗泽南痛剿，即连次挫败……”

罗泽南和彭玉麟有相似的地方，“彭玉麟前乞假回衡州，闻江西紧急，间关徒步，行七百里抵南康，公见大喜……”罗泽南上书陈利病，指出第二次收复武昌的战略，更加重他力挽狂澜的责任。巨眼卓识，有神龙不见首尾之妙，遂奠定东南战局之转机，“泽南因自义宁单骑诣南康谒公（曾国藩），面陈机宜”。

一罗一彭，各如一傲然的骁骑，踽踽独行在杀机四伏的驿路之上。

他们以孤胆英雄的道义担当，于艰难困苦中着手成春，无数次赖其一举扭转颓势。坚毅的文化道统的维护，孤独的时世艰难的思索，需要生命与巨量的鲜血与死亡来完满这迂回的沟壑。

杀人手段救人心，这是以沸止沸……辛亥革命期间志士韩衍说的杀机沸天地、仁爱在其中。心灵中另有一场不见硝烟的战争，时势增加了太多的变数。如果没有文化的介入，战争就不可能停止。

文告之间，看得出战事的激烈反复。武昌欲克未克之际，“江西八府五十余县皆陷于贼”。也就在武昌将克之时，罗泽南阵亡了。

最后的武昌之战，时值大雾，城内太平军敢死队突出，实施无序拼杀，部队顿形混乱，泽南左额中弹，拖延二日死于军营中，时在 1856 年，享年五十岁。他终于倒在饱受战争摧残的陆地上。在浓密的大雾中，名将之花凋落。这擎天的巨柱，是否感到了有生以来的如磐的压迫，非人力所能左右的不可抗力，那并非全然来自太平军的人生的负担？中枪后延医的一两天时间里，他是否有过放弃的念头？相信人生的压力，在此时绝非寻常头脑所可想象。书生将军，秀才元戎，放手一搏，顿挫成意想不到的强硬和铁腕。如鹰隼愤然振翼，慨然出击。突如其来的大雾似乎是一种宿命，好像要卸下前所未有的人生困局，以及肩上绵延文化生机的担当包袱。到底梦幻泡影，化为乌有。

五

赞曾国藩的人，其总着眼点在于，曾氏出将入相，手定东南，勋业之盛，一时无两。俞樾是他的学生，进士后复试，就是曾氏阅卷，大加激赏。他人有谓其文先已做好，曾国藩力驳之，遂使入翰林。那时诗题为“淡烟疏雨落花天”。俞樾首句为“花落春仍在”。曾氏以为诗歌所表现的气场和寓意简直无以复加，乃加以拔擢（《春在堂随笔》）。

又因俞樾锐意著述，曾国藩有联语说他：“李少荃（鸿章）拼命做官，俞荫甫（樾）拼命著书，吾皆不为也。”其实曾氏既做官又著书，但他说的也是实情，真正的意思是，对此二者不上瘾，能控制也能中正把握之。

总起来看他训练的部队，精神焕然一新，战力强劲，配备火器，成效远远超过清廷常备军。他以彭玉麟等组织的水师，又是机动性能相当强的两栖部队。

湘军的成功，历史家都是承认的。萧一山先生以为其要点在有组织、有训练、有主义，骨子中保存着我国乡民固有的诚实和勇敢。曾氏对兵员，严格按规则保障后勤物质供养；而对带兵的营官，总须其为孔孟的信徒，也即还是读书人。曾氏说："近世之兵，孱怯极矣，懦于御贼，而勇于扰民。"湘军之建立，无论战斗力还是精神面貌，都和当时的绿营官军、土匪、游民暴民俨然区别开来，而成异军突起的劲旅。

整个的情形，可说是读书人打不读书人，大读书人打小读书人，智识者打无赖，士大夫打泼皮流氓……从双方指挥官的出身学历可知。太平军的将领，出身草野，游荡打劫，自与学术绝缘，岂有彭、胡、罗、江……的气概？

战况的惨烈，稍一疏忽，可致全盘皆输。即看似必然，实亦大有偶然。故萧一山先生书第八章直接用曾国藩的感叹做了标题：《金陵之役，千古大名——"全凭天意，岂尽关乎人力"》。将各地的战场都算上，几乎是三日一小打五日一大打。苍山如海，残阳如血。其残酷程度、激烈程度，都非常人所能想象，谓之血肉磨坊洵不为过。经常是战况胶着、死伤惨重。洋枪洋炮也出现了。有一种洋炮，虽然笨重，但落地开花爆炸，杀伤力奇大。

直到安庆收复之后，仍有其他名城如杭州等的陷落。战事之艰苦，也造成人心的内伤。李秀成老老实实做几万字的供述，以求免死。最后曾国藩找出各种理由，将他在南京就地正法；实因战争异常残酷，而恨之入骨。杀人一万，自损三千，何况面对如此能干的天国干城？曾国藩留下李秀成不解送北京，就地处决，实有酷烈厮杀造成的战争恍惚。

“谁知道不特三年不归，简直花了十二年的时间，不特万人不够，简直动员了三十万人，金甲貔貅，死者半之，才得成功。可见天下哪有那么容易的事！要不是曾国藩的老谋深算，则清政府只有瓦解一途了。”（萧一山：《曾国藩传》）这里面有诸般出乎意料的地方。

他的对手是洪秀全，落第的小资，一个精神病依赖者，起事前神经达至虚幻而超常的敏锐。他以僭越的途径取得半壁江山，较世袭制下的君王更加残暴无情。僭主通常都乘民族国家之危而起，因社会危机为其膨胀创造了契机并提供了舞台。危机也为超常的暴力提供了部分的令人无法拒绝的理由。

太平天国，那也是该来的肯定要来。“水旱天灾，官吏贪渎，一般农民憔悴呻吟，这不是革命爆发的大好机会吗？”他们的檄文也说的是：“慨自满洲肆毒，混乱中国，而中国以六合之的，九州之重，一任其胡行，而恬不为怪，中国尚得谓有人乎……”社会矛盾加剧，各种危机重重滋生，专制的政体，不可能确保长期的社会安全，因为暴政暴民并未失去生长的沃土。

专制引发的祸患如同洪水，一旦宣泄出来就难得回收。太平军初起，挟前所未见的爆发力，在疯魔般的蜃景煽动力宰制推动下，如饮狂药，陨石般冲向全国，伴随大规模的毫无理性地杀人，给农村赖以生存的传统社会结构以毁灭性扫荡。洪天王如果不是最大，也是历史上空前的特大杀人犯、纵火犯、盗窃犯、抢劫犯——杀害大量无告小民，好像切瓜砍菜。这个罪大恶极的孱头，野心则随时膨胀，目的并无半丝高尚。无辜百姓成了他好色狠毒、神经错乱的牺牲品，猝不及防、防不胜防地付出毁灭生命的惨重代价，使抛尸沟壑、千里荒芜，造成民间深重的灾难。并不是洪天王那一套有多高明，实乃社会处处漏洞，人生看不到希望，甚至求基本的活命而不可得，于是久旱望云霓，洪天王因缘际会，也就得逞了。

曾国藩说："军之胜败，时也，时未为可，圣贤弗能强，时可为，则事半而功倍。"瞬息千变万化，其安危在呼吸之间。洪秀全起事，蹂躏多省，地方糜烂，曾国藩一书生毅然练兵肩大任；功成之后，日夜忧危，敛退谦抑，意量之宏深，非寻常可窥。

"洪秀全既以宗教迷信埋没了种族主义，曾国藩为拥护民族文化而反对他，不仅在道理上可以说得过去，而且也是合乎一般民众的心理的。据说洪秀全围攻长沙时，左宗棠去见过他，劝他标志孔教，以《春秋》攘夷之义来宣传，洪秀全没有听从。可见士大夫对于汉族的耻辱，并非不知道，谁愿意做民族的罪人呢？只是洪秀全学识太差，又不懂得社会心理，装模作样，满嘴神话，弄得老百姓看不惯，士大夫还能寄以同情吗？我们对这一点要相当地原谅曾国藩。何况结果，在实际上已不啻把清朝政权转移在汉人手中，为后来民族革命莫大的助力呢？……"（萧一山：《曾国藩传》）

祖雨宗风，满是不堪记忆。当年的凌辱与血腥杀戮，致令盗寇满中原。故排满为九世复仇，此也符合春秋大义；也是和追求天赋权利、有生以来之自由、人类平等的诉求结合在一起的。因当年打压杀害的惨烈，而不得不潜入地下，再度反抗，就有一个酝酿、生长、爆发的过程。在曾国藩时代，还未完全破土，必待孙中山及其助手出，方才有公然的大举，以超越的大智慧从根本着手，解除轮回式的被奴役的宿命，来造成宪政治国的构架和雏形。

辛亥革命起来，先以“驱除鞑虏”的民族主义口号为纲领；但等到民国肇建，采用的却是善待优抚之法，而绝非如太平天国妇孺俱屠。这是史上未有的共和精神，失却这种宽容，很难走向真正的共和。美国的南北战争，北方打的也是解放黑奴统一国家的大旗。两军相对，杀伤颇巨，一旦南军言败，不仅不诛降将，不罪附逆，后台资助者也不问罪、不责罚。如此民族精神和向度，洵堪奠定真正的终极目标：民主制度。

六

曾国藩的时候，虽然令后人扼腕，但他的行为，又是符合这个自然生长的过程的。试比较早前的岳钟琪对曾静的处理，国藩到底进步得多了。“默观天下大局，万难挽回。侍与公之力所能勉者，引用一班正人，培养几个好官，以为种子。”“今日所当讲求者，唯在用人一端耳。”

“窃尝以为无兵不足深忧，无饷不足痛哭；独举目斯世，求一攘利不先，赴义恐后，忠愤耿耿者，不可亟得，或仅得之，而又屈居卑下，往往抑郁不伸，以挫，以去，以死。而贪饕退缩者，果骧首面而上腾，而富贵，而名誉，而老健不死，此其可为浩叹者也。”（何贻焜：《曾国藩评传》）

对社会弊端的根本认识，椎心痛愤，故其伟岸，不仅做了晚清的柱石，更在政治思想达于对人本的考量，对人的处境的追问。事实上，如欲澄清吏治、扶持社会正义，其要件端在得人。而专制体制的本质，又在对于人性的杀灭，其所依靠者为暴力镇压和奴才文化。道德因素的滥用令其等于虚设，除了使百姓产生不切实际的幻觉，不可能带来实质性的社会进步。明君贤臣，只是昙花一现，其恶果循环不断。此际除了保持文化的传承以外，体制必与世界潮流接轨，否则无法可想。曾氏深深窥见了帝王专制的病灶病因，但他开不出药方，或隐约觉察药方当为何者而不敢开示。这在他那一代杰出的知识分子，其头脑和心思，跟他们所依存的背景是一对深沉的矛盾。

他的治兵思想和他的哲学思想密切相关。曾氏战后裁军，那确实是来真的，裁撤善后，俱回原籍；而在征募之初，就是有业者多，无根者少，"求可为善聚不如善散，善始不如善终之道"；而他本人在战后，心力交瘁忧老成疾，"困疲殊甚，彻夜不寐，有似怔忪……"（王定安：《曾国藩传略》）。

庄子说，圣人不死，大盗不止。在后世的专制国，就更是如此。盖因专制所实行者，为逆淘汰机制，人间良善与才智之士在社会上总是没有市场，在政治上没有空间；而阴险恶徒，翻云覆雨品性下贱，因而嗜杀成性——这些人相当得势，而民众的代价就大了。恶徒尽量获得占有空间，进而以圣人自命，僭称王号，借以骗塞天下耳目，实则与小民争锱铢之利，赶尽杀绝，精神勒索，无所不为。故曰，圣人不死，大盗不止。所以曾国藩既不能彻底反抗，则必空间越来越小，最后还有可能死无葬身之地，于是他选择急流勇退。

他在人生晚期，讨捻军时，已有力不从心之态势——当然不完全是生理原因。他述说观点，已无先前的威重斩截；而指挥部队，更有心事重重的样子。所以当时社会舆论隐然期其自主东南，就人才、武装、大势观之都有可能，至少打成个"三国演义"是没有一点问题的；然国藩不为，后来其天下英雄半入幕的部曲也都渐渐灰心了。人心的承受力很有限啊！

他的病，一半以上是心病；他的力不从心，更多的还是一种困惑。实际上，无论慈禧皇权，还是洪氏天国，对之都是半人半兽难缠难解的实体，两者各有各的不可理喻。

无论他的文化传承怎样渊厚，心性如何正大，一时也竟束手无策。他的沉重的疲惫感，实在有着渊深的脱离之念。他虽以清廷为主要“股东”，但其观念隐约已有马放南山之势；纷至沓来的事务，越来越无从措手，主观上不值得为其效力之念昂然抬头。

但他以他的履历，这种脱离之念当然不可能发展为实际举动，反而衍生如磐心病，竟至忧郁成疾。他的脱离之念，就以牺牲老命的代价为最后之结果。

“与洋人交际，其要有四语，曰言忠信，曰行笃敬，曰会防不会剿，曰先疏后亲。”（《曾文正公书札》）对外交际，薄物细故，他主张不必计较；唯事之重大者，则当出死力与之苦争。其态度、心理方法都与林则徐有很相似的地方。曾氏在天津办理外交纠纷时，为洋人说句公道话，同时也违心处理民望甚高的地方官员，引至各方怨恨，而导致他心中的觳觫，非言可喻。

萧一山先生说，曾国藩遣散湘军，用心很深，也有讽刺李鸿章脚下的淮军之意。而且，解散以后，湖南人郁闷惨切，相率加入会党，这是在为渊驱鱼。“我们并不是故意找理由为曾国藩辩护，从全盘历史上看，他确实有他的机括，他的辞节制四省之命，一方固然要防外中内轻之渐，同时并有与贤才共天位之意，天下的事情多么繁赜，尽一个人能包办得了么？……这种恢廓的思想和豁达的态度，真不

愧为中国文化的代表人物，也可以说是理想人物了。”（第十章）

何贻焜《曾国藩评传》，正中书局1947年刊行，1990年代影印收入民国丛书第一套。

萧一山《曾国藩传》，2001年海南出版社出版。

王定安《曾国藩事略》，1998年重庆出版社出版。